言葉の意味 ①

月　日　合かく 〜5点

● 読んで、答えましょう。

「本日は暑い中ご足労《そくろう》いただきまして、ありがとうございました。」

本社ビルの入口で田山《たやま》さんは訪問客《ほうもんきゃく》を見送っていた。入口から入ってくる夏の風のせいで、ひたいには［①］あせがにじんでいる。

今日は来月のイベントの説明会《せつめいかい》だった。担当《たんとう》部門の社員たちは②終日そのじゅんびにおわれている。田山さんは人員や予算の配分など運営《うんえい》にたずさわる部門だった。イベントの専門的《せんもんてき》な内容《ないよう》には③うといけれども、裏方《うらかた》としてこうしたイベントを成功《せいこう》させてきた自負はある。

今度もきっとうまくいきそうだと、田山さんは思った。

(1) ［①］に入る言葉を、記号で答えましょう。（15点）

ア だらだらと　イ さっぱりと　ウ じんわりと

［　　］

(2) ――線②の意味を、記号で答えましょう。（15点）

ア 一日中　イ 夕方ごろ　ウ 朝方

［　　］

(3) ――線③の言葉が正しく使われているものを、記号で答えましょう。（20点）

ア 庭にさいた多くの花はうとい。

イ かれは、国際《こくさい》問題にうとい。

ウ 夏は、とてもうとい日が続《つづ》く。

［　　］

答えは91ページ ☞

やってみよう

次の文の、主語には——線を、述語《じゅつご》には══線を引こう。

① 犬が　走る。

② あの　大きな　木は、イチョウだ。

③ 夕方の　空は、とても　きれいだ。

④ 白い　車が　目の前を　通りすぎた。

⑤ わたしは　今年　四年生に　なりました。

答えは91ページ ☞

言葉の意味 ②

月　日
得点　点　合かく40点

●読んで、答えましょう。

ピーナッツのことを「落花生《らっかせい》」といいます。この「落花生」という名前は、この植物のふしぎな実のつけ方に①由来しています。

花がさいて実がなるのは、ほかの植物と変《か》わることはありませんが、実のなる場所がことなるのです。ふつうは花のあったあたりで実がなりますが、落花生は花のあたりからつるじょうのものが②おもむろにのびてきて、地面にもぐります。もぐった地面の中で、つるの先がふくらんできて、からのついた実がなります。

この様子を考えると、「落花生」という名前はまさに③うってつけの名前と言えるでしょう。

(1) ——線①と同じ意味の言葉を、記号で答えましょう。(10点)

ア いわれ　イ 教訓《きょうくん》
ウ 来訪《らいほう》

［　　］

(2) ——線②の意味を、記号で答えましょう。(20点)

ア 急に　イ いきなり
ウ ゆっくりと

［　　］

(3) ——線③の言葉が正しく使われていないものを、記号で答えましょう。(20点)

ア この役は姉にうってつけだ。
イ 散歩《さんぽ》にはうってつけの日だ。
ウ まちがった方法《ほうほう》はうってつけだ。

［　　］

答えは91ページ☞

やってみよう

＊次の——線の言葉がくわしくしている言葉に、══線を引こう。

① つくえの 上に 三角形の ペン立てが ある。

② あわてて 歩いたら、つまずいて 転んでしまった。

③ 時間が たったので、熱《あつ》かった お茶が 冷《さ》めてしまった。

④ 空が 暗くなったかと 思うと、急に 雨が ふってきた。

⑤ 緑色の 大きな 熱《ねつ》気《き》球《きゅう》が 空に うかんでいた。

答えは91ページ ☞

こそあど言葉をおさえる ①

月　日
得点
点　合かく 40点

● 読んで、答えましょう。

「これで、お父さんとユウコはいつもいっしょだよ。ほら、にっこり笑《わら》って。泣《な》いたりしちゃ、だめだぞ。」

「うん。わたし泣かないよ。」

ユウコははるか水平線に目をやった。
①この海の向こう、知らない国に、お父さんは行ってしまった。いや、帰ってしまった。もう②こちらに来ることがあるかどうかも分からない。もう二度と会えないのかも知れないと思うと、なみだが出そうになる。
「③あのとき、泣かないって約束《やくそく》したもん。④これが約束の印《しるし》だって……」

ユウコは首から下げたペンダントを、そっと手でにぎりしめた。

(1) ――線①が指すものを、記号で答えましょう。(10点)
ア 五月の海
イ ユウコの目の前の海
ウ お父さんの国の海
［　　］

(2) ――線②が指すものを、書きましょう。(15点)
［　　］の住む国

(3) ――線③が指すものを、記号で答えましょう。(10点)
ア お父さんと海にきたとき
イ すなはまを走ったとき
ウ お父さんと約束したとき
［　　］

(4) ――線④が指すものを、五字でぬき出しましょう。(15点)
［　　　　　］

答えは91ページ ☞

やってみよう

✿ 次の＝線の言葉をくわしくしている言葉に、――線を引こう。

① おりの 中で、大きな 鳥が りっぱな つばさを 広げた。

② 今日は いつもより ずっと おいしい 給食《きゅうしょく》だった。

③ 兄の 学校は、有名な サッカー選手《せんしゅ》も 通っていたらしい。

④ さっきから、となりの 家の 白い 犬が、ほえている。

⑤ 田中さんの お父さんは、中学校の 先生だ。

答えは91ページ ☞

こそあど言葉をおさえる②

月　日
得点　　点　合かく40点

● 読んで、答えましょう。

カメは日本では、川や池などの水ぎわにすんでいて、泳いだり岸辺《きしべ》で日光浴《にっこうよく》したりしているすがたがよく見られます。①そのことから、カメには水が必要《ひつよう》だと思っている人もいるかもしれません。

しかしカメの中には、リクガメといって、水には入らず陸上《りくじょう》で一生をすごすものもいます。②この仲間《なかま》は、しつ度の高い森林にすむもの、さばくにすむものなど、生息地はさまざまです。リクガメは日本の野生下では生息していませんが、ペットとして輸入《ゆにゅう》されることがあります。また、リクガメを飼育《しいく》している動物園もあります。③そうしたところでは、リクガメの生態《せいたい》を観察《かんさつ》することができます。

(1) ——線①が指すものを、記号で答えましょう。（10点）

ア　カメにこうらがあること
イ　カメが水ぎわで見られること
ウ　カメが日光浴すること

［　　］

(2) ——線②を次のようにまとめました。□に入る言葉を、九字でぬき出しましょう。（20点）

□カメの仲間

(3) ——線③が指すものを、十四字でぬき出しましょう。（20点）

答えは91ページ☞

やってみよう

次の‖線の言葉をくわしくしている言葉をすべて書こう。

① 二時ごろ、空に　大きな　入道雲が、むくむくと　わいてきた。

「　　　　」

② 遠くから、かみなりのような　音が、かすかに　聞こえた。

「　　　　」

③ 一頭の　白い　大きな　馬が、たてがみを　なびかせて　走っていた。

「　　　　」

答えは91ページ ☞

つなぎ言葉をおさえる ①

月　日
得点
点　合かく35点

●読んで、答えましょう。

大学は住宅街《じゅうたくがい》の近くにある。[①]そのわりに自然《しぜん》が多い。T教授《きょうじゅ》は点々と残《のこ》る竹やぶの一つに目をやった。

竹やぶの中にちらほらと、赤い頭と緑色のむねをしたキジのすがたが見える。

じつは、教授が大学の中でキジを見たのは初《はじ》めてだった。[②]、いつもなら決してしないことをしたのかもしれない。

前から女子学生が三人歩いてくる。名前は知らないが、教授の学部の二年生だ。

「キジがいる。」

すれちがいざまにそう言う。[③]学生たちが「どこ?」とさわぎだした。

「あのやぶの中。」

教授は竹やぶを指さした。

---

(1) [①]に入る言葉を、記号で答えましょう。(15点)

ア だが　イ なぜなら　ウ だから

[　　]

(2) [②]に入る言葉を、記号で答えましょう。(15点)

ア さらに　イ だから　ウ しかし

[　　]

(3) [③]に入る言葉を、記号で答えましょう。(20点)

ア または　イ しかし　ウ すると

[　　]

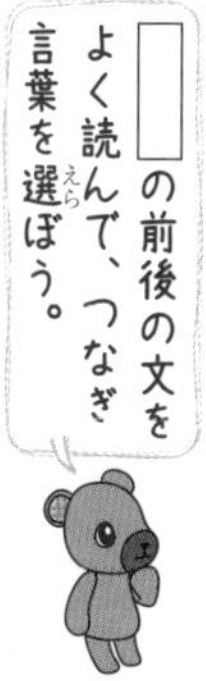
□の前後の文をよく読んで、つなぎ言葉を選《えら》ぼう。

答えは91ページ

やってみよう

✽ 次の——線の漢字の読み方を書こう。

① ノートの束。［　　］

② ひまわりの種を植える。［　　］

③ 栄養をとる。［　　］

④ ピアノの練習を一日も欠かさない。［　　］

⑤ 工業地帯。［　　］

⑥ 鏡を見つめる。［　　］

⑦ 陸に住む生き物。［　　］

⑧ 標高二千メートルの山。［　　］

答えは91ページ ☞

つなぎ言葉をおさえる ②

月　日
得点
点／合かく35点

● 読んで、答えましょう。

シジュウカラは、日本の各地《かくち》にすむ小さな鳥です。シジュウカラの鳴き声にはいろいろな意味があるのですが、鳴き声の組み合わせ方に、人間の言葉のようなきまりがあることがわかりました。

例《たと》えば、「集まれ」という意味の鳴き声の後に「気をつけて」という意味の鳴き声を聞かせると、シジュウカラは、まわりに注意しながら近寄《ちかよ》ってきます。

［①］「集まれ」と「気をつけて」の両方に反応《はんのう》しているのです。

［②］「気をつけて」の後に「集まれ」を聞かせても、特《とく》に反応しません。

［③］、順番《じゅんばん》がちがうと意味もちがってくることが分かるのです。

(1) ［①］に入る言葉を、記号で答えましょう。（15点）

ア　けれども　　イ　それで　　ウ　つまり

［　　］

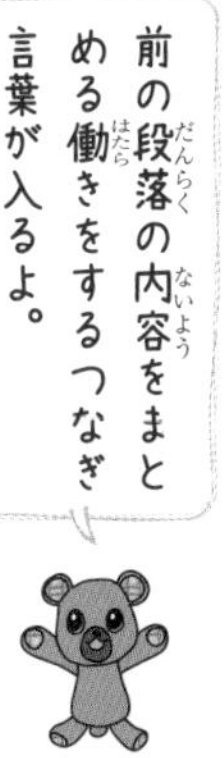

(2) ［②］に入る言葉を、記号で答えましょう。（15点）

ア　または　　イ　しかし　　ウ　なぜなら

［　　］

(3) ［③］に入る言葉を、記号で答えましょう。（20点）

ア　よって　　イ　あるいは　　ウ　それとも

［　　］

答えは91ページ☞

やってみよう

✿ 次の□に漢字を書こう。

① □□《いんさつ》する□□《きかい》を買う。

② 国語□□《じてん》を□□《さんしょう》する。

③ □□《そうこ》に□□《ざいりょう》をしまう。

④ 新せんな□□《やさい》と□□《くだもの》を買う。

⑤ □□《けんこう》に□《よ》い食品。

答えは91ページ

場面を読み取る

月　日

得点　　点／合かく40点

● 読んで、答えましょう。

　ある昼下がり。駅のホームで男の子が母親と話をしていた。

「①どのネコがよかった？」

「えーとね、茶トラの子！」

「あの子②おとなしかったね。ママは元気な子がいいな。三毛の子と黒ブチの子は、動き回ってたよね。」

「ママ、ちがうの。里親の会の人が言ってたよ。あの子朝からはしゃぎまわってて、つかれちゃってたんだって。」

「あらあら」

「それにね、写真うつりがひどいの。写真をとるときにかぎって変《へん》な顔するんだって。③間が悪いんだって。そういうの、かわいいよ。」

---

(1) ——線①とありますが、「男の子」は「ネコ」をどうしたいのか、記号で答えましょう。(10点)

ア かい主として引き取りたい。

イ 人にゆずりわたしたい。

ウ 地域《ちいき》の人と協力《きょうりょく》して世話したい。

〔　　〕

(2) ——線②とありますが、その理由を書きましょう。(20点)

〔　　　　〕

(3) ——線③とありますが、どのようなときの間が悪いといっていますか。七字でぬき出しましょう。(20点)

答えは92ページ

やってみよう

次の□に漢字を書こう。

① □□《かぐ》の□□《はいち》を考える。

② □《まご》の□□《こうぶつ》のオムライスを作る。

③ □□《えいご》の本を□《か》りる。

④ □□《いいん》の□□《しゅっけつ》をたずねる。

⑤ □《まつ》の木が□《お》れる。

④「しゅっけつ」は、反対の意味をもつ漢字を組み合わせた熟語《じゅくご》だよ。

答えは92ページ

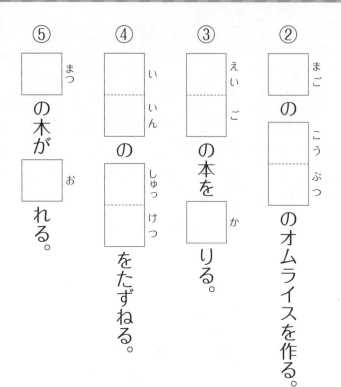

あらすじをつかむ

月　日

得点　　点　合かく40点

● 読んで、答えましょう。

小六の幸一《こういち》が帰ると、メモがあった。

「玉ねぎ、にんじん、牛肉、牛乳《ぎゅうにゅう》。」

仕事で帰りがおそいお母さんのかわりに、幸一が買物をすることになっている。

家を出て、商店街《しょうてんがい》を歩く。商店街には八百屋《やおや》が二けん。店の前を通りつつ、ねだんに目を走らせた。

「八百政《やおまさ》はにんじんが安い。玉ねぎは小《こ》森青果《もりせいか》かスーパーの安い方で。」

スーパーで牛肉と牛乳を買い、もときた道をもどりつつ、予定通り玉ねぎを買った。八百政でにんじんを手に取ったとき、真っ赤なトマトを見つけた。

「このにんじんとトマトをください。」

幸一は、思わず店の人にそう言った。

(1) ――線に書かれていたことを、記号で答えましょう。(10点)

ア お母さんが仕事で使うもの

イ お母さんのかわりに買うもの

ウ お母さんが好《す》きな食べもの

［　　］

(2) 幸一がスーパーで買ったものを、すべて書きましょう。(20点)

［　　］

(3) 幸一が玉ねぎを買った店の名前を書きましょう。(10点)

［　　］

(4) 幸一が、メモに書かれたもの以外《いがい》に買ったものを書きましょう。(10点)

［　　］

答えは92ページ

やってみよう

次の絵が表す慣用句《かんようく》を答えよう。

①

人前でものを言おうとしない様子です。

[　　　　　　　　　　]

②

とてもいそがしい様子です。

[　　　　　　　　　　]

③

うわさをすぐに聞きつける様子です。

[　　　　　　　　　　]

④

うまくいっていることをじゃまする様子です。

[　　　　　　　　　　]

⑤

小さなことを気にする様子です。

[　　　　　　　　　　]

答えは92ページ ☞

話題を読み取る

月　日

得点　　点　合かく40点

● 読んで、答えましょう。

①「お湯をわかす」という言い方は、ちょっと変《へん》だと思いませんか。

お湯をわかすとき、どうしますか。まず、やかんに水を入れて火にかけますね。はじめからお湯を入れることはないはずです。ならば「わかす」のは「水」ではないでしょうか。「水」を「わかす」ことではじめて「お湯」になるのです。

「穴《あな》をほる」も同じです。「地面」を「ほる」と、その結果《けっか》「穴」ができるのです。

じつは、日本語はこのように、目的語《もくてきご》（「〜を」などがついた言葉）で変化した後のじょうたいを表すことができるのです。②「水をわかす」と「お湯をわかす」は、どちらも正しい言い方なのです。

(1) ——線①のように感じる理由をまとめました。□に入る言葉を、文中からそれぞれぬき出しましょう。（20点）一つ10

［　　］は、［　　］をわかしてはじめてできるものだから。

(2) ——線②とありますが、「穴をほる」についてのもう一つの正しい言い方を、五字で書きましょう。（15点）

［　　　　　］

(3) この文章の話題を、記号で答えましょう。（15点）

ア お湯のわかし方

イ 日本語の特《とく》ちょう

ウ 日本語の変化

［　　］

答えは92ページ

やってみよう

下の慣用句《かんようく》の□に入る言葉をひらがなで書いて、クロスワードを完成《かんせい》させよう。

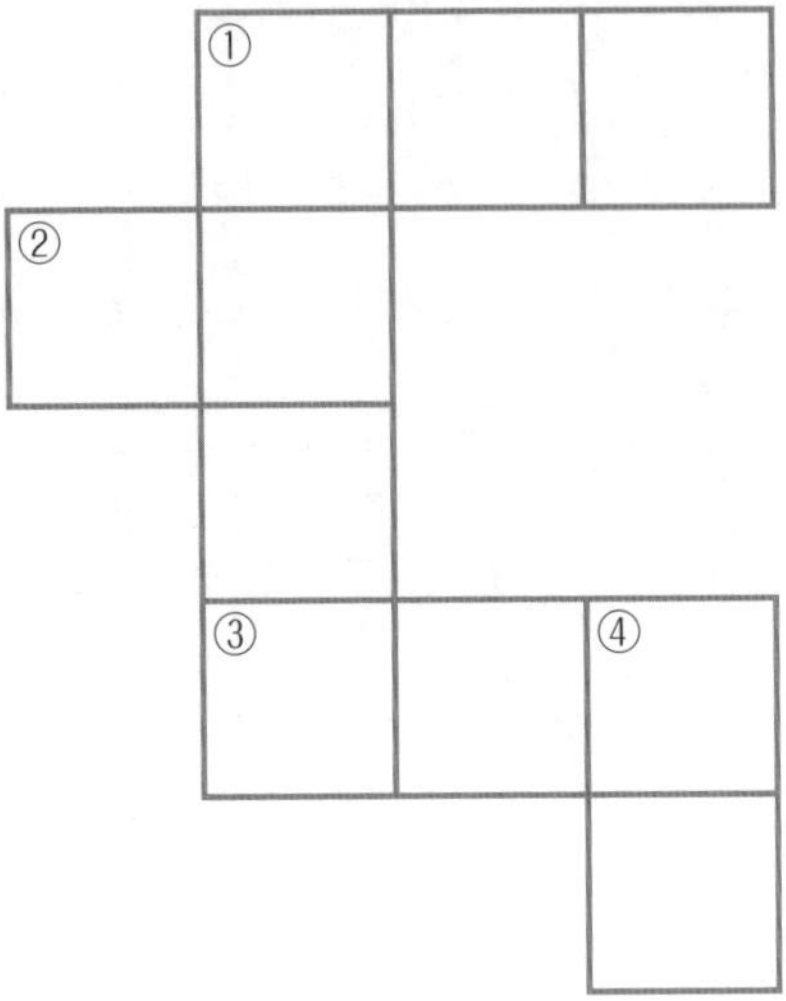
①
②
③
④

ヨコの①は、いきおいの強いものに、さらにいきおいをつけることだよ。

ヨコのかぎ

① 火に□□□を注ぐ

② □□のいどころが悪い

③ □□□にくれる

タテのかぎ

① □□□□にもおよばない

④ □□が合う

答えは92ページ ☞

LESSON 10

説明《せつめい》の順序《じゅんじょ》をつかむ

月　日
得点　　点　合かく35点

● 読んで、答えましょう。

オニアザミ、オニヤンマのように、動物や植物の名前に「オニ」がつくことがあります。たとえば、オニアザミはノアザミよりも大きなアザミです。

それに対して、コギク、コアジサイのように「コ」がつくと、小さいものを指す名前になります。

これらの「オニ」や「コ」を、接頭辞《せっとうじ》といいます。

さて、オニタビラコという、タンポポににた植物があります。オニタビラコより小さいものは、「コタビラコ」ではなく、コオニタビラコといいます。コオニタビラコの別名は、接頭辞を持たない「□」なのです。

(1) この文章の話題を、記号で答えましょう。（15点）

ア コのつく小さい動植物
イ オニのつく大きい動植物
ウ 接頭辞を持つ動植物

［　　］

(2) この文章で説明《せつめい》されている順《じゅん》に、記号をならべましょう。（15点）

ア 小さいものを指す名前
イ 大小両方の名を持つ植物
ウ 大きいものを指す名前

［　　→　　→　　］

(3) □に入る言葉を書きましょう。（20点）

［　　］

答えは92ページ

やってみよう

✿ 次の組み合わせでできた熟語《じゅくご》を、□から二つずつ選《えら》んで書こう。

① 同じような意味の漢字を組み合わせている。

［　　　・　　　］

② 反対の意味の漢字を組み合わせている。

［　　　・　　　］

③ 上の漢字が下の漢字をくわしくしている。

［　　　・　　　］

上下　大木　絵画　漢字　暗黒　問答

答えは92ページ ☞

LESSON 11

まとめテスト ①

月　日
得点　点／合かく40点

● 読んで、答えましょう。

ヒロは、①生のトマトが苦手だ。

四年生のころ、口内えんになったことがあった。ほおのうら側《がわ》やしたの横に、白く丸いぶつぶつができる。そこに物があたると、とてもいたいのだ。

「ああ、それはビタミンが不足《ふそく》してるんだ。［②］、ビタミンをとらなきゃ。」

父はそう言ってすぐにキッチンに立ち、何かを作りだした。

ややあって出されたのは、トマトサラダ。トマトの種《たね》のまわりのゼリーのようなところがしみて、それはもういたかった。

「しみるのは、きいてるからだよ。」

［③］と思ったが、だまっていた。

---

(1) ——線①の理由を次のようにまとめました。□に入る言葉を、文中からそれぞれぬき出しましょう。（30点）一つ10

［　　　　］を治《なお》そうとして、父が作ってくれた［　　　　］［　　　　］がしみて、［　　］から。

(2) ［②］に入る言葉を、記号で答えましょう。（10点）

ア なぜなら　イ でも
ウ だから

［　　］

(3) ［③］に入る言葉を、記号で答えましょう。（10点）

ア そのとおりだ　イ そうかなあ
ウ そうしよう

［　　］

答えは92ページ

やってみよう

＊次の組み合わせでできた熟語《じゅくご》を、□から二つずつ選《えら》んで書こう。

① 同じような意味の漢字を組み合わせている。

［　　・　　］

② 反対の意味の漢字を組み合わせている。

［　　・　　］

③ 上の漢字が下の漢字をくわしくしている。

［　　・　　］

願望《がんぼう》　勝敗《しょうはい》　衣服《いふく》　美人　深海　強弱

答えは92ページ ☞

まとめテスト ②

月　日

得点　　点　合かく40点

● 読んで、答えましょう。

「けづめ」とは、ニワトリやキジなどの鳥の足の後ろ側《がわ》にある、つめのようなものです。ケヅメリクガメは、しっぽの両側にけづめのようなとげがあることから、①このような名前がつきました。アフリカに住む草食性《そうしょくせい》のリクガメで、世界で三番目に大きくなる種類《しゅるい》です。

赤ちゃんのときは手のひらに乗るぐらいに小さいのですが、成長《せいちょう》するとこうらの長さが七十センチにもなる［②］、かうときには注意が必要《ひつよう》です。活発なので［③］も必要です。東京の月島《つきしま》では、おじいさんと散歩《さんぽ》するきょ大なケヅメリクガメが、人気者になっています。

(1) ――線①が指すものを、文中からぬき出しましょう。(5点)

［　　］

(2) ［②］に入る言葉を、記号で答えましょう。(5点)

ア のに　イ けれど　ウ ので

［　　］

(3) ［③］に入る言葉を、記号で答えましょう。(10点)

ア 散歩　イ 日光浴《にっこうよく》　ウ 食事

［　　］

(4) ケヅメリクガメの特《とく》ちょうをまとめました。□に入る言葉を、文中からそれぞれぬき出しましょう。(30点)一つ10

しっぽに［　　］がある、［　　］の、［　　］に大きくなる種類のリクガメ。

答えは92ページ ☞

やってみよう

✱ 次の——線の漢字の読み方を書こう。

① 昨日の台風で、お父さんのかさがこわれた。
［　　］［　　］

② わたしの部屋には、大きな時計がある。
［　　］［　　］

③ 今朝は、祖母《そぼ》からもらった真っ赤なりんごを食べた。
［　　］［　　］

④ 友達の、算数の宿題を手伝う。
［　　］［　　］

⑤ 姉はきれいな景色を写真にとるのが上手だ。
［　　］［　　］

①「昨日」には、二つの読み方があるよ。わかるかな。

答えは92ページ ☞

気持ちを読み取る ①

月　日

得点

点　合かく40点

● 読んで、答えましょう。

買い物で買ったものをしまいつつ、ちひろは①夕食は何か考えた。

玉ねぎとにんじんと牛肉は、きのう買ったじゃがいもといっしょにシチューかと思ったが、シチューのルーの買い置《お》きはなかったはずだから、肉じゃがだろうか。牛乳《ぎゅうにゅう》は明日の朝食用だろう。

そしてキュウリ。苦手なキュウリ。

ゆうべの夕食中の会話を思い出す。

「ちひろ、ねむそうね。」

「ちょっと、つかれが ② 。」

「あら、じゃあ、野菜《やさい》、食べないとね。」

（どうせ、サラダなんだろうな。もう、うんざり。）

ちひろは③小さくため息をついた。

(1) ――線①に出るとちひろが考えた料理《りょうり》を、二つ書きましょう。（20点）一つ10

［　　］［　　］

(2) ② に入る言葉を、記号で答えましょう。（10点）

ア とれて　イ なくて　ウ たまって

［　　］

(3) ――線③のときのちひろの様子をまとめました。□に入る言葉を、文中からそれぞれぬき出しましょう。（20点）一つ10

キュウリが［　　］なのに、お母さんがサラダを作ろうとしているので、［　　］している。

答えは92ページ

やってみよう

✱ 次の——線の漢字を書こう。

①
すぎ去った日々のかいそうにふける。
ホームをかいそう電車が通過《つうか》する。

②
社会問題にかんしんを持つ。
すばらしい絵にかんしんする。

③
今は夏休みきかん中だ。
きかんに水が入ってむせた。

答えは92ページ☞

気持ちを読み取る②

月　日
得点　点　合かく40点

●読んで、答えましょう。

順《じゅん》は川ぞいのサイクリングロードを川の上流へ、①自転車で走っていた。

このあたりは午前中は北風、午後は南風がふく。今は午前中、北に向かって走ると、真正面から風を受けることになる。

②ペダルが重く、スピードがあがらない。風におされて前に進まないのだ。

「きっついなあ……。」

ペダルをまわすリズムに合わせて、順は声を出す。向かい風になることがわかっていて上流を目指したのは自分だ。追い風では練習にはならない。とはいえ向かい風はやはり強く、順はともすれば後かいしそうになる自分をはげますように、③ペダルをまわす足に力をこめた。

(1) ――線①のときの順の目的《もくてき》を、記号で答えましょう。(10点)

ア 川の上流に行きたい。
イ 自転車の練習をしたい。
ウ 海に行きたい。

[　　]

(2) ――線②の理由を書きましょう。(20点)

[　　]

(3) ――線③のときの順の気持ちを、記号で答えましょう。(20点)

ア 今からでも下流に向かおう。
イ 大変《たいへん》だが、練習だからがんばろう。
ウ 練習をやめて、もう帰ろう。

[　　]

答えは92ページ ☞

やってみよう

＊次の――線の漢字を書こう。

①
父と蒸気《じょうき》きかん車に乗る。
ちょうは消化きかんの一つだ。

②
朝からたいちょうがよくない。
たいちょうに任命《にんめい》される。

③
いがいな答えにおどろく。
それいがいの答えはない。

答えは92ページ ☞

LESSON 15

気持ちを読み取る ③

月　日

得点

点／合かく40点

● 読んで、答えましょう。

「あれ、ここどこだろう。」

おじいちゃんの家に行こうとして、洋《ひろし》は道にまよってしまった。見知らぬ町で［①］が、とにかく歩き出す。

見知らぬ路地をあてもなく歩いて、なにげなく角を曲がったとき、目の前があざやかな色でいっぱいになった。

赤、白、黄色、ピンク。

それは、庭一面のバラの花だった。つるが支柱《しちゅう》にからんで、洋のせたけよりも高い位置《いち》にも花をさかせている。

②「わあ……。」

洋はまよっていることもわすれ、ぽかんと口を開けてバラの花を見つめていた。

(1) ［①］に入る言葉を、記号で答えましょう。（10点）

ア 息をのんだ

イ 目うつりした

ウ とほうにくれた

［　］

(2) ――線②の声が出た理由を書きましょう。（20点）

［　］

(3) 洋の気持ちの変化《へんか》を、記号で答えましょう。（20点）

ア こんわく→おどろき

イ かなしみ→こんわく

ウ おどろき→よろこび

［　］

答えは93ページ

やってみよう

＊次の——線の漢字の読み方を書こう。

①自然を大切にする。〔　　〕

②自転車の車輪をはずす。〔　　〕

③天気図の梅雨前線。〔　　〕

④この建物《たてもの》には倉がある。〔　　〕

⑤海底の調査《ちょうさ》をする。〔　　〕

⑥まいた種《たね》が発芽する。〔　　〕

⑦博物館に行く。〔　　〕

⑧不便な生活を送る。〔　　〕

答えは93ページ ☞

理由をおさえる ①

月　日
得点　　点　合かく40点

●読んで、答えましょう。

フクロウといえば、二本の足で木にとまっているようなイメージがありますね。

ところが、フクロウが足で立つのではなく、おなかを地面につけて、はらばいになっていることが、まれにあります。

ちょうどアヒルが、水にうかんでいるときのような体勢《たいせい》です。ときには、頭も起こさず、完全《かんぜん》に横たわってしまっていることもあります。

これは、ヒナのときに見られるすがたなのですが、大人でも、とてもリラックスしているときには、このかっこうをします。フクロウをたくさん育てている動物園や、フクロウをかっている人たちは、この体勢を「アヒルね」とよんでいます。

---

(1) ——線は、どのような体勢ですか。記号で答えましょう。(10点)

ア 二本足で木にとまる体勢
イ 地面ではらばいになる体勢
ウ 水にうかんでいるときの体勢

［　　］

(2) ——線は、どのようなときにしますか。□に入る言葉をぬき出しましょう。(20点)

□□□□□したとき。

(3) ——線の名前がついた理由についてまとめました。□に入る言葉を、文中からそれぞれぬき出しましょう。(20点)一つ10

ね方が、□□□□□

□□ときの□□□のすがたににているから。

答えは93ページ

やってみよう

＊ 次の□に漢字を書こう。

① □□《じっけん》が□□《せいこう》する。

② 来週の日曜日は、□□《せんきょ》の□□《とうひょう》日だ。

③ □□《ぐんて》をはめて□□《さぎょう》をする。

④ □□《かいぎ》が□□《はくねつ》する。

⑤ たくさんの□□《せいと》がボランティアに□□《さんか》した。

答えは93ページ ☞

理由をおさえる ②

月　日

得点　　点　合かく40点

● 読んで、答えましょう。

特定《とくてい》の日に、きまった花などをかざって悪い気をはらう行事があります。これを「①節句《せっく》」といいます。もとは中国の古いこよみで決められた季節《きせつ》の変《か》わり目が日本に伝《つた》わったものですが、江戸《えど》時代に一月七日、三月三日、五月五日、七月七日、九月九日の五日が「五節句」に定められました。節句は一・三・五・七・九月で、②一月七日以外《いがい》は、月と日が同じ数字になっています。一月は、一月一日の元日が＊別格《べっかく》とされているため、七日が節句になっています。

三月三日のモモ、五月五日のショウブのように、それぞれの日と結《むす》びついた植物があるのも特ちょうです。

＊別格＝特別《とくべつ》のあつかいをすること。

(1) ――線①とありますが、もとは何でしたか。二十一字でぬき出しましょう。(20点)

(2) ――線①はどのような日ですか。記号で答えましょう。(10点)

ア 平和をいのる日

イ れきし上の出来事を記念《きねん》する日

ウ 悪い気をはらう日

［　　］

(3) ――線②が、ほかの月の節句とちがっている理由を書きましょう。(20点)

［　　］

答えは93ページ

やってみよう

✱ 次の□に漢字を書こう。

① □□《しゃこ》が火事で□□《しょうしつ》した。

② 飛行機《ひこうき》が□□《くうこう》に□□《ちゃくりく》する。

③ □□《だいじん》を□□《あんない》する役目。

④ □□《さいじつ》に□□《かんこう》地をめぐるつもりです。

⑤ □□《ていえん》に入るには、入場□□《りょうきん》がかかる。

答えは93ページ ☞

LESSON 18

理由をおさえる ③

月　日

得点

点　合かく40点

● 読んで、答えましょう。

　二月が二十八日ではなく二十九日になる年を、①うるう年といい、西れき年号が四でわり切れる年がうるう年になります。

　うるう年では、一年の長さが一日長くなるのですが、それはなぜでしょうか。

　げんざいのこよみは、太陽のまわりを地球が一周《いっしゅう》する期間を一年として作られていますが、実際《じっさい》には三六五日ちょうどではありません。②この期間を、正しく計算すると、三六五．二…日です。時間に直すと、一年で六時間ずつずれていき、そのずれは四年でおよそ一日になるのです。この時間のずれを直すために、四年に一度、一年が一日多くなるのです。

(1) ――線①とは、どんな年ですか。□に入る言葉を、十二字でぬき出しましょう。(10点)

□□□□□□□□□□□□年。

(2) ――線①を四年に一回定めることには、どのような目的がありますか。□に入る言葉を、八字でぬき出しましょう。(10点)

□□□□□□□□目的。

(3) ――線②についてまとめました。□に入る言葉を、文中からそれぞれぬき出しましょう。(30点)一つ15

□□が、□□のまわりを一周する期間。

答えは93ページ☞

やってみよう

✱ 次の□に漢字を入れて、四つの言葉を作ろう。

①

	固	
本	□	験
	育	

②

	友	
発	□	人
	成	

③

	文	
全	□	合
	中	

④

	注	
決	□	味
	外	

答えは93ページ ☞

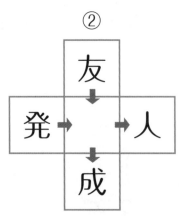

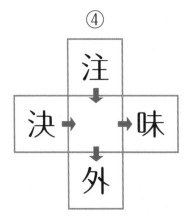

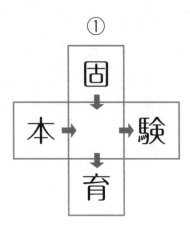

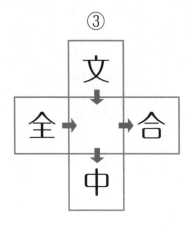

大事なことを読み取る ①

月　日

得点　　点　合かく40点

● 読んで、答えましょう。

「中山さん、教科書をわすれたの。」

先生はこまった顔をした。今月、もう三回目だ。中山さんはきまりが悪くなって言いわけした。

「急いで朝に教科書を入れてたら、どれがいるかわからなくなって……。」

「朝はいそがしいものねえ。」

先生は中山さんの説明《せつめい》になっとくしたようだった。

「朝、急がなくてすむように、前の日に使う教科書をランドセルに入れておけばいいんじゃない？」

「前の日に？」

中山さんはそう聞き返した。

---

(1) ――線①とは、何が三回目なのか、書きましょう。（20点）

［　　　　　　　　　　］

(2) ――線②をまとめました。□に入る言葉を、文中からそれぞれぬき出しましょう。（20点）一つ10

□、いそいで用意していると、今日、□がどれか、わからなくなってしまうから。

(3) 先生は、中山さんにどのようなアドバイスをしましたか。（10点）

［　　　　　　　　　　］

答えは93ページ

やってみよう

下のことわざの□に入る言葉をひらがなで書いて、クロスワードを完成《かんせい》させよう。

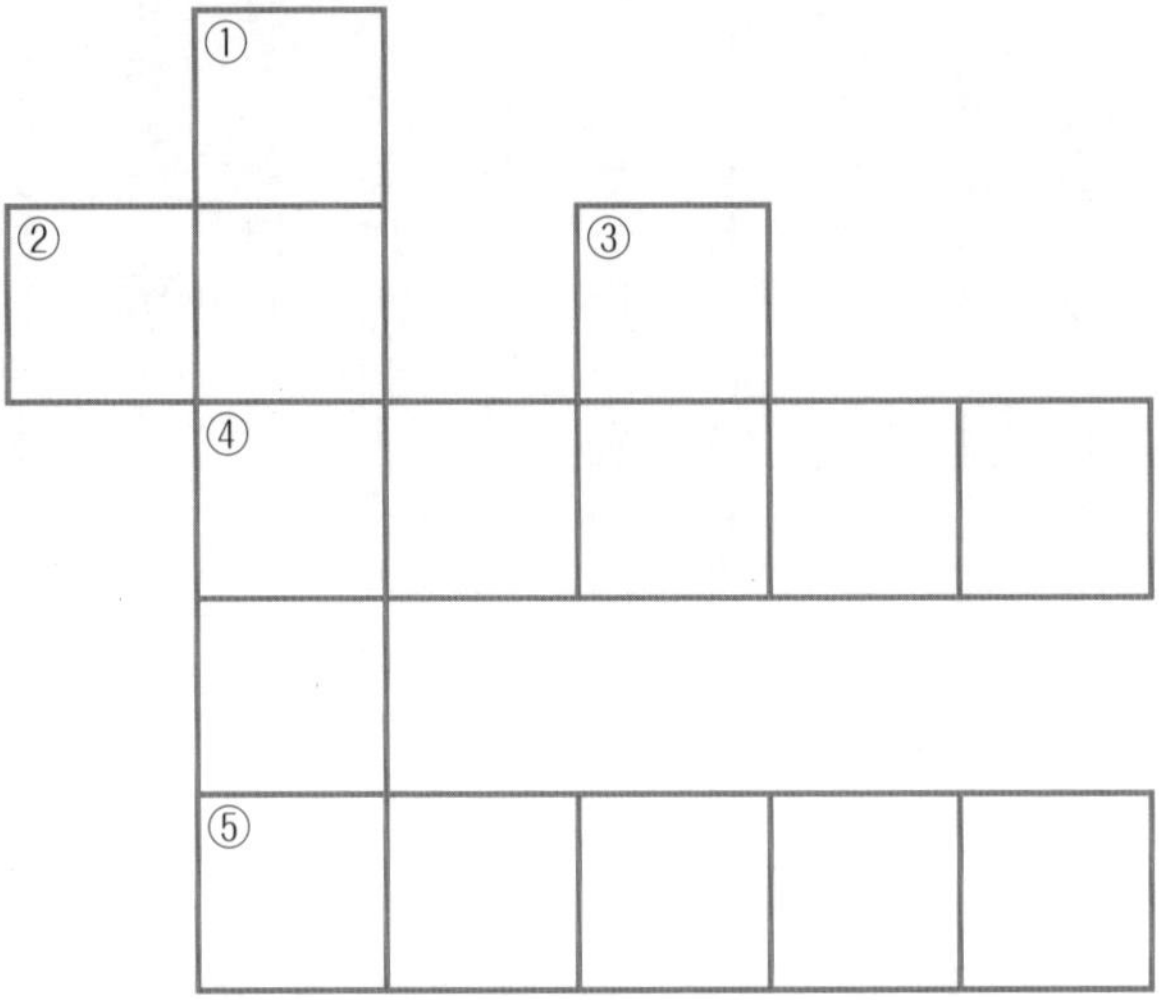

ヨコのかぎ

② □□は急げ

④ □□□□□には福がある

⑤ なさけは人の□□□□□

タテのかぎ

① □□□□□の力持ち

③ 立つ□□あとをにごさず

答えは93ページ

大事なことを読み取る ②

月　日

得点　　点　合かく40点

● 読んで、答えましょう。

客間からにげ出したケイスケは、一人、ひざをかかえて①泣《な》いていた。

なみだをぽろぽろとこぼし、しゃくりあげてはいるが、②声は出さない。

声を上げて泣いたら、まわりに気づかれてしまう。

③来客は、となりの一家だった。小さいときからケイスケを家族の一員みたいにかわいがってくれていた、おじさんとおばさんとお姉さん。今度、遠くに引っこすので、あいさつに来たのだった。

しばらくして、少し落ち着いてきたケイスケは、④立ち上がった。

せめて笑《わら》ってさよならを言おう。そう思ってなみだをふいた。

(1)　――線①の理由を書きましょう。（10点）

［　　　］

(2)　――線②の理由を書きましょう。（20点）

［　　　］

(3)　――線③にあてはまらない人を、記号で答えましょう。（10点）

ア　おじさん　イ　お母さん

ウ　お姉さん　エ　おばさん

［　　　］

(4)　――線④のあと、ケイスケは何をしようとしていますか。（10点）

［　　　］

答えは93ページ ☞

やってみよう

次の――線の言葉を、漢字と送りがなで書こう。

①
ゆっくりとどびらをあける。
友達が来たので、席《せき》をあける。
〔　　〕〔　　〕

②
雨がふってきたので、かさをさす。
北の方角をさす。
〔　　〕〔　　〕

③
兄が旅行からかえる。
かした本がかえる。
〔　　〕〔　　〕

答えは93ページ ☞

大事なことを読み取る ③

月　日

得点　　点 ／ 合かく 40点

● 読んで、答えましょう。

春になると、ウグイスの「ホーホケキョ」という声が聞かれるようになります。［①］注意してみると、「ホー……」「ホー……キャ？」「ホーホケキョケ？」というような、何とも心地悪いさえずりを聞くことがあります。（②線）

「ホーホケキョ」は、さえずりといって、オスがメスにけっこんを申しこむときの鳴き声ですが、最初《さいしょ》から上手に鳴けるわけではないようです。そこでウグイスのオスは、必死《ひっし》に鳴き方を練習するのです。メスのいないところでは下手なさえずりだったオスが、メスの前でははるかに上手に鳴くことが、研究でわかってきました。［③］

(1) ［①］に入る言葉を、記号で答えましょう。（10点）

ア　だから　　イ　しかも

ウ　ところが

［　　］

(2) ――線②とありますが、ウグイスは何をしているのですか。（20点）

［　　　　］

(3) ［③］に入る文を、記号で答えましょう。（20点）

ア　練習をくりかえし、いちばんうまくできた鳴き声を、メスに聞かせるのです。

イ　わざと下手に鳴いて、ほかのオスをだましているのです。

ウ　いろいろな鳴き方を研究して、使い分けているのです。

［　　］

答えは93ページ ☞

やってみよう

次の――線の言葉を、漢字と送りがなで書こう。

①
山田君は足がはやくなった。〔　　〕
明日は朝はやく起きる。〔　　〕

②
ぶたいの上にたつ。〔　　〕
駅前にビルがたつ。〔　　〕

③
川に魚をはなす。〔　　〕
先生に理由をはなす。〔　　〕

答えは93ページ ☞

大事なことを読み取る ④

月　日

得点　点　合かく40点

● 読んで、答えましょう。

言語には使う人々の文化が表れるので、それに注目すると、①その文化の中で、関《かん》心《しん》が高いものがうき出てきます。

たとえば、コメという言葉について、考えてみましょう。日本語では、田んぼに植えられている間は「イネ」、しゅうかくして実の部分だけにすると「もみ」、精米《せいまい》して「コメ」、それを調理して「ごはん」になるわけですが、これらは英語《えいご》ではまとめて「ライス」と表現《ひょうげん》されます。

また、「もみがら」を焼《や》いた、シリカという物質《ぶっしつ》を多くふくむはいは、英語では「②シリカ」といいます。③これさえも、英語では同じ表現がされるのです。

(1) ――線①について、文中であげられている例《れい》についてまとめました。□に入る言葉を、文中からそれぞれぬき出しましょう。（30点）一つ10

［　　］と［　　］での、［　　］という言葉について。

(2) ②に入る言葉を、ぬき出しましょう。（10点）

「　　」

(3) ――線③が指すものを、ぬき出しましょう。（10点）

「　　」

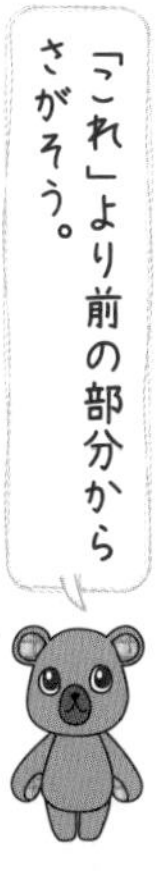

答えは93ページ

やってみよう

✿ 次の慣《かん》用《よう》句《く》の意味をあとから選《えら》び、記号で答えよう。

① 羽をのばす 〔　　〕

② のどから手が出る 〔　　〕

③ 目にあまる 〔　　〕

④ 手がつけられない 〔　　〕

ア 見ていられないぐらいにひどいこと。

イ えんりょする人がいなくて、のびのびすること。

ウ どうすることもできないこと。

エ ほしくてたまらないこと。

答えは93ページ ☞

まとめテスト ③

月　日

得点　点／合かく35点

● 読んで、答えましょう。

①みわこさんは、②ボクのたった一人の家族だ。ボクみたいににゃあにゃあ鳴かないし、カリカリも食べないみたいだし、ボクよりだいぶ大きいし、毎日どこかに出かけていくけれど、家族には変《か》わりがない。そもそもボクは、みわこさん以外《いがい》の動物に会ったことがないのだ。

③夜になると帰ってくるので、ボクはみわこさんのところに行くんだ。ボクは足音を立てないで歩けるけれど、みわこさんがボクを見失《みうしな》わないように、テーブルに飛《と》び乗って、みわこさんが見つめているものの上にねそべる。そうすると、何をしていても、みわこさんはボクと遊べるでしょ？

(1) ——線①はどのような人ですか。記号で答えましょう。（15点）

ア 子どものいない夫婦《ふうふ》のつま

イ 一人ぐらしの女性《じょせい》

ウ 大家族でくらす長女

［　　］

(2) ——線②とみわこさんの関係《かんけい》について、記号で答えましょう。（15点）

ア かいネコとかい主

イ 息子と母

ウ 弟と姉

［　　］

(3) ——線③に、ボクはみわこさんにどうしてあげますか。記号で答えましょう。（20点）

ア ボクの場所を知らせてあげる。

イ みわこさんと遊んであげる。

ウ テーブルの用意をしてあげる。

［　　］

答えは94ページ

やってみよう

次の言葉の意味をあとから選《えら》び、記号で答えよう。

① 一長一短 [　　]

② たなからぼたもち [　　]

③ 五十歩百歩 [　　]

④ ねこの手も借《か》りたい [　　]

ア 少しでも助けがほしいくらい、いそがしいこと。

イ 良《よ》い面も悪い面もあること。

ウ 大きなちがいのないこと。

エ 思いがけない幸運があること。

答えは94ページ ☞

LESSON 24

まとめテスト ④

月　日

得点　　点　合かく40点

● 読んで、答えましょう。

たまご売り場で、ニワトリのたまごよりもずっと小さい、黒っぽいたまごが売られています。ウズラのたまごです。ウズラはキジの仲間《なかま》で、二十センチほどの体長です。丸っこい体型《たいけい》をしていますから、①飛べない鳥のようなイメージがもたれていますが、じつはわたり鳥です。

ウズラと人のつき合いのれきしは古く、*万葉集《まんようしゅう》にも登場します。鳴き声が美しいので、②しばしばそのさまが歌によまれています。ウズラは日本固有《こゆう》の鳥ではなく、北米や東南アジアなどにも生息しています。

*万葉集＝七〇〇年代に成立《せいりつ》した、日本最古《さいこ》の和歌集。

(1) ――線①とありますが、それはなぜですか。記号で答えましょう。(10点)

ア キジの仲間だから。

イ 二十センチほどの体長だから。

ウ 丸っこい体型だから。

［　　］

(2) ――線②とありますが、それはなぜですか。(20点)

［　　］

(3) この文章で説明《せつめい》されている順《じゅん》に、記号をならべましょう。(20点)

ア ウズラの鳴き声の美しさ

イ 世界に分布《ぶんぷ》するウズラ

ウ ウズラはどのような鳥か

［　　→　　→　　］

やってみよう

＊次の――線の漢字の読み方を書こう。

① 児童用の本を読む。
〔　　　　〕

② 機械《きかい》を試運転する。
〔　　　　〕

③ 池の水位。
〔　　　　〕

④ 出口に案内する。
〔　　　　〕

⑤ 塩で味を調整する。
〔　　　　〕

⑥ 駅の改札を通る。
〔　　　　〕

⑦ さむらいの子孫。
〔　　　　〕

⑧ 牛を放牧する。
〔　　　　〕

答えは94ページ

説明文 ①

月　日
得点
点　合かく35点

● 読んで、答えましょう。

アナホリフクロウは、南北アメリカ大《たい》陸《りく》の平原などに生息する、小型《こがた》のフクロウです。①地面にほられたあなを住みかとして、虫や小さなほ乳類《にゅうるい》をえさとしています。②フクロウにはめずらしく、昼間に活動することでも知られています。

同じ平原に住むリス科のほ乳類に、プレーリードッグがいます。地面にあなをほって、ふくざつにつながった巣《す》をつくり、家族で生活しています。

実は、このプレーリードッグのほった古い巣あなを、アナホリフクロウは住みかとしているのです。つまり、アナホリフクロウは「③」フクロウ」とよぶ方が正確《せいかく》かもしれません。

(1) ——線①をほった生物の名前を書きましょう。(15点)

［　　　］

(2) ——線②からわかることを、記号で答えましょう。(15点)

ア すべてのフクロウは昼間にも活動する。

イ ふつうフクロウは夜に行動することが多い。

ウ ほとんどのフクロウは地面にほられたあなで生活する。

［　　　］

(3) ③に入る言葉を、記号で答えましょう。(20点)

ア アナウメ　イ アナカシ

ウ アナカリ

［　　　］

答えは94ページ

やってみよう

✿ 次の□に漢字を書こう。

① この□□《むかしばなし》の□□《けつまつ》が知りたい。

② アサガオの□《め》を□□《かんさつ》する。

③ □□□《ふくさよう》の少ない□□《さいりょう》の薬。

④ □《りょう》には船が□□《ひつよう》だ。

⑤ □□《きこう》の□□《へんか》がはげしい。

答えは94ページ

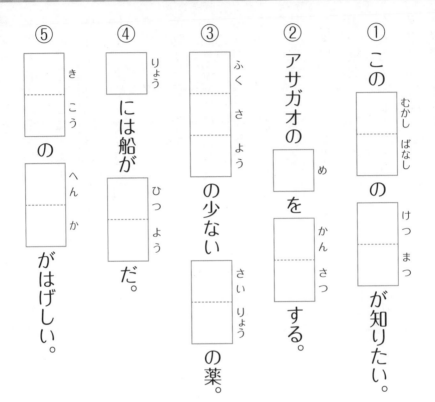

詩 ①

月　日
得点
点 / 合かく 40点

● 読んで、答えましょう。

りんご

りんご　りんご
つやつや　りんご
まるで　きみの　かみの毛　みたい

りんご　りんご
ちっちゃい　りんご
まるで　きみの　手のひら　みたい

りんご　りんご
□　りんご
まるで　きみの　ほっぺた　みたい

(1) □に入る言葉を、記号で答えましょう。(10点)
ア 真っ赤な　イ みじゅくな
ウ すっぱい
[　　]

(2) この詩の表現《ひょうげん》の特《とく》ちょうを、記号で答えましょう。(20点)
ア 色さいゆたかに表現している。
イ リズミカルに表現している。
ウ ダイナミックに表現している。
[　　]

(3) この詩について、記号で答えましょう。(20点)
ア りんごと赤ちゃんをくらべた詩
イ りんごを細かく観察《かんさつ》した詩
ウ りんごのおいしさをうたった詩
[　　]

答えは94ページ

やってみよう

✱ 次の□に漢字を書こう。

① □□《ちょっけい》二メートルの□□《きゅうたい》。

② テレビ□□《ばんぐみ》の□□《よやく》をする。

③ □□《じっけん》の□□《けいかく》を立てる。

④ □□《こゆう》の□□《どうぶつ》を調べる。

⑤ □□《かんれい》な□□《きょくち》に住む人々。

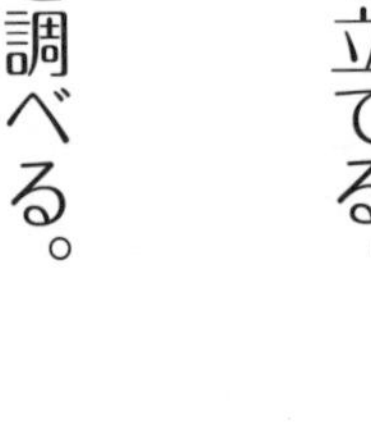
⑤「きょくち」は、いちばん果《は》ての土地のことだよ。

答えは94ページ

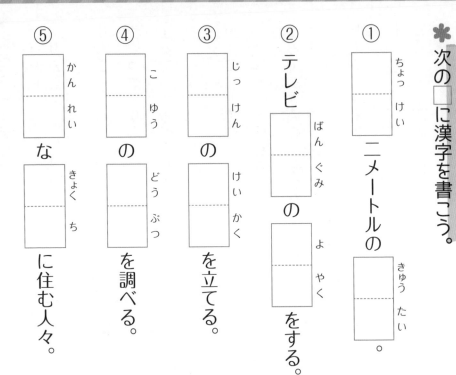

物語①

月　日

得点　　点　合かく35点

● 読んで、答えましょう。

電車に乗ってきた体格《たいかく》のいい、こわもての男性《だんせい》の手には、二メートルほどのふくろがにぎられていた。

乗っていた中学生たちが①口々に言う。

「野球のバットかな。」

「細いしもっと長いよ。きっと竹刀《しない》だよ。」

「竹刀も短いよ、あれ、きっと弓だ。」

男性の体格から、武道《ぶどう》に関係《かんけい》するものにちがいない、みんなそう思っていた。

意を決して、一人が［②］話しかけた。

「それ、何が入っているんですか。」

「これ？　③園芸《えんげい》用の支柱《しちゅう》だよ。」

と、男性はあっけらかんと答えた。

聞かないほうがよかったかも。中学生たちの表情《ひょうじょう》が語っていた。

(1) ――線①とありますが、中学生たちはどういうことを言っていますか。十一字でぬき出しましょう。（15点）

［　　　　　　　　　　　］に何が入っているか。

(2) ［②］に入る言葉を、記号で答えましょう。（15点）

ア こわごわ　イ 気軽に

ウ 陽気に

［　　］

(3) ――線③を聞いた中学生たちの様子を、記号で答えましょう。（20点）

ア 予想通りの答えで、満足《まんぞく》した。

イ 想定しない答えで、こうふんした。

ウ おもしろみのない答えで、がっかりした。

［　　］

答えは94ページ

やってみよう

次の□に共通《きょうつう》して入る部首を書こう。

① □列　□主　□本

〔　　〕

② □合　□丁　□寺

〔　　〕

③ □由　□台　□立

〔　　〕

④ 自□　音□　非□（□は下）

〔　　〕

⑤ □火　□少　□責

〔　　〕

⑥ 工□　重□　且□

〔　　〕

答えは94ページ

LESSON 28

短　歌 ①

月　日

得点

点／合かく40点

● 読んで、答えましょう。

① 月見れば千々《ちぢ》に物こそ悲しけれ
（あれもこれもと）
わが身一つの秋にはあらねど
（わたしだけの　秋ではないのだけれども）
大江千里《おおえのちさと》

② 滝《たき》の音はたえて久《ひさ》しくなりぬれど
（聞こえなくなってからだいぶたつけれど）
名こそ流れてなほ（お）聞こえけれ
（伝わって　まだ語りつがれている）
前大納言公任《さきのだいなごんきんとう》

③ 立ち別《わか》れいなばの山の峰《みね》に生《お》ふ（う）る
（お別れして）
まつとし聞かば今帰り来《こ》む（ん）
（すぐにでも帰ろう）
中納言行平《ちゅうなごんゆきひら》

④ 春すぎて夏来にけらし白妙《しろたえ》の
（夏が来たようだ）
衣《ころも》ほすてふ（ちょう）天《あま》の香具山《かぐやま》
（ほすという）
持統天皇《じとうてんのう》

---

(1) 秋のもの悲しさをよんだ短歌を、①～④の記号で答えましょう。（10点）　［　　］

(2) 親しい人との別れを悲しんでよんだ短歌を、①～④の記号で答えましょう。（10点）　［　　］

(3) ――線が指しているものを、記号で答えましょう。（15点）

ア 滝の音　イ 滝のひょうばん　ウ 前大納言公任　［　　］

(4) ④の歌は、いつの季節《きせつ》をよんだものですか。（15点）　［　　］

答えは94ページ ☞

やってみよう

＊下の四字熟語《よじじゅくご》の——線の読みをひらがなで書いて、クロスワードを完成《かんせい》させよう。

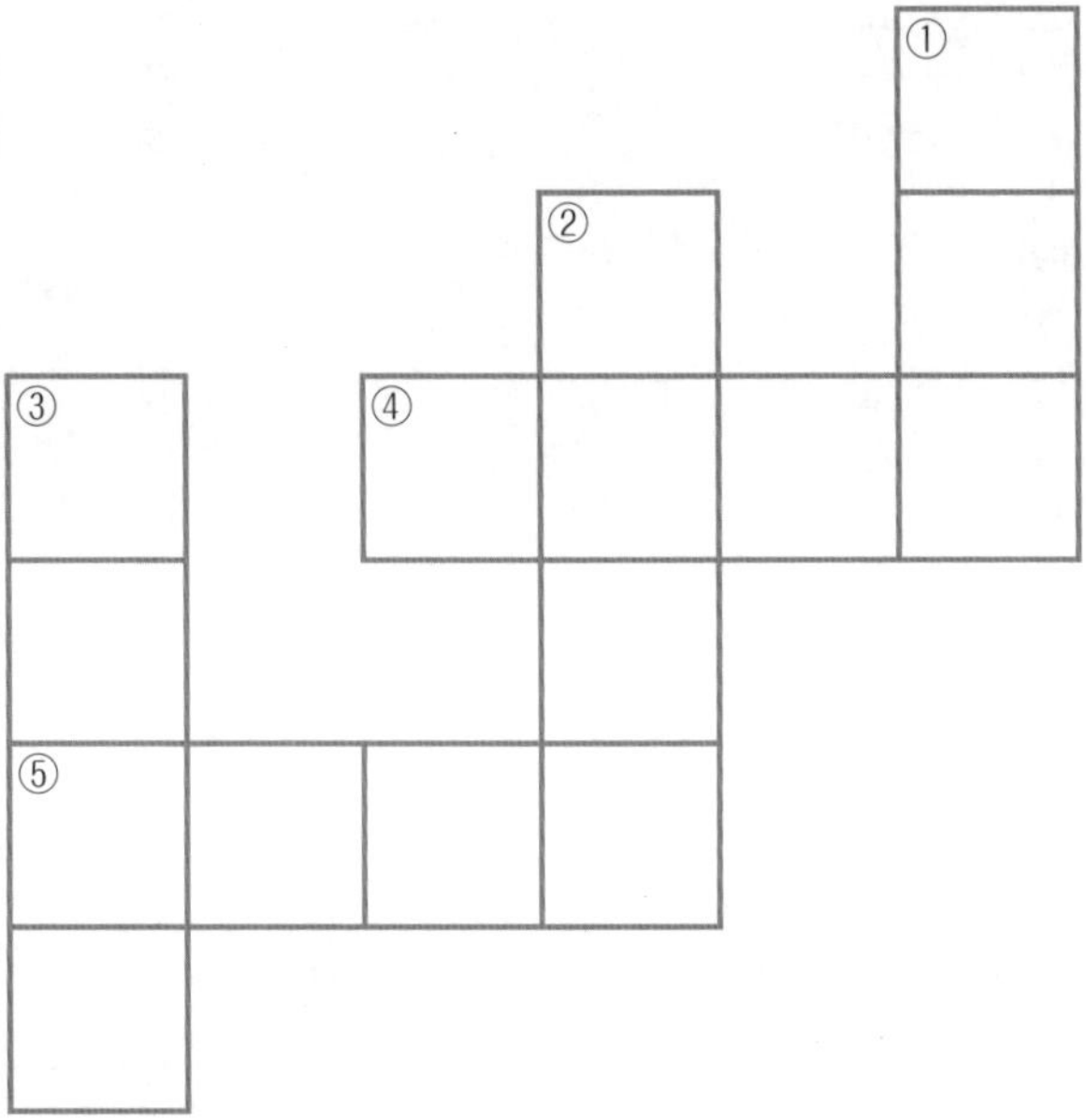

ヨコのかぎ

④ 一石二鳥

⑤ 意気投合

タテのかぎ

① 心機一転

② 有言実行

③ 一刀両断《りょうだん》

答えは94ページ

説明文 ②

月　日
得点　点　合かく40点

●読んで、答えましょう。

コオニタビラコはキク科の野草で、しっ地などに生えています。春に黄色い花をつけるこの野草は、①ホトケノザという別名《べつめい》をもっています。

この別名ですが、実はホトケノザとよばれる植物はもう一つあります。シソ科でむらさき色の花をさかせるサンガイグサという野草です。

②ホトケノザは春の七草の一つに数えられていて、一月七日に七草がゆとして食べられていますが、これは食べられるほうです。シソ科のほうは③食べられないので、うっかり食べてしまわないように、注意が必要《ひつよう》です。

---

(1) ——線①について、食べられるほうの花の色を書きましょう。(15点)

［　　　　］

(2) ——線②は、ここでは何を指していますか。十字以内《いない》でぬき出しましょう。(15点)

□□□□□□□□□□ の別名としてのホトケノザ。

(3) ——線③のほうのホトケノザについてまとめました。［　］に入る言葉を、文中からそれぞれぬき出しましょう。(20点)一つ10

［　　　　］科で、［　　　　］色の花をつけるサンガイグサという野草。

答えは94ページ ☞

やってみよう

次の——線の言葉を、漢字と送りがなで書こう。

① 温泉《おんせん》のおかげで村がさかえる。［　　］

② 電車にかかわる仕事。［　　］

③ 今年はじめての雪がふる。［　　］

④ ライトで手元をてらす。［　　］

⑤ よくない態度《たいど》をあらためる。［　　］

⑥ ひえた麦茶を飲みほす。［　　］

答えは94ページ ☞

LESSON 30

俳句①

月　日

得点

点 / 合かく40点

● 読んで、答えましょう。

① 夜の雪だまつ(っ)て通る人もあり　小林一茶《こばやしいっさ》

② 春の海ひねもす＊のたりのたりかな　与謝蕪村《よさぶそん》

③ しづ(ず)かさや岩にしみ入るせみの声　松尾芭蕉《まつおばしょう》

④ 世の中は三日見ぬ間の桜《さくら》かな　大島蓼太《おおしまりょうた》

＊ひねもす＝一日中。

(1) ①の俳句《はいく》の季節《きせつ》を表す言葉を、ぬき出しましょう。（10点）

［　　　］

(2) ②の俳句によまれている情景《じょうけい》を、記号で答えましょう。（10点）

ア おだやかな春の海の様子

イ あれくるう春の海の様子

ウ 安定しない春の海の様子

［　　　］

(3) ③は夏の俳句です。そのことがわかる言葉を、俳句の中からぬき出しましょう。（15点）

［　　　］

(4) ④の俳句がよまれた季節を書きましょう。（15点）

［　　　］

答えは94ページ ☞

やってみよう

次の――線の言葉を、漢字と送りがなで書こう。

① いさましい行進曲が聞こえる。［　　　］

② 問題の解決《かいけつ》につとめる。［　　　］

③ 今日も朝からはたらく。［　　　］

④ 目標金額《もくひょうきんがく》にたっする。［　　　］

⑤ 具体例《ぐたいれい》をあげる。［　　　］

⑥ 大切な宝物《たからもの》をうしなう。［　　　］

答えは94ページ☞

物語②

月　日

得点　　点　合かく40点

● 読んで、答えましょう。

カナは池ぞいの道を歩いていた。大きな池で、水鳥がたくさん集まってくる。道路わきの木かげにも、いろいろな鳥が羽を休めている。

ふと、カナは足を止めた。岸に灰色《はいいろ》で首の短い鳥がいる。ゴイサギだ。［1］

だが様子がおかしい。よく見ると、くちばしから魚のしっぽが見えている。丸飲みした魚が大きすぎるらしい。飲むに飲めず、また、魚もにげるににげられない。［2］

そして、見守るカナの前で、やっとのことで魚を飲みこんだゴイサギは、重そうによたよたと飛《と》んでいった。［3］

(1) ――線の意味を、記号で答えましょう。（10点）

ア　のんびりと休みをとること

イ　のびのびと自由にふるまうこと

ウ　調子にのること

［　　］

(2) 次の文は、文中の［1］～［3］のどこに入りますか。記号で答えましょう。（20点）

すもうで言えば、がっぷり四つに組むじょうたいだ。

［　　］

(3) この文章からわかる出来事で、最初《さいしょ》に起こったことを、記号で答えましょう。（20点）

ア　ゴイサギが飛んで行った。

イ　ゴイサギが魚をつかまえた。

ウ　カナがゴイサギを見つけた。

［　　］

やってみよう

次の漢字の色のついた部分は、何画目に書きますか。漢字で数を答えよう。

① 飛 [　　] 画目

② 輪 [　　] 画目

③ 隊 [　　] 画目

④ 包 [　　] 画目

⑤ 必 [　　] 画目

⑥ 建 [　　] 画目

答えは95ページ ☞

詩 ②

月　日

得点　点　合かく40点

● 読んで、答えましょう。

さくら

もも色の　服を
みどりの　服に　着がえる
春の　おわり

ぬいだ　[②]の　服を
みんなは　名残《なごり》りおしそうに
ながめるけれど

わたしは　着がえる
新しい　命の色の　服に

(1) ――線①と同じ意味で用いられている言葉を、八字でぬき出しましょう。(10点)

[　　　　　　　　]

(2) [②]に入る言葉を、書きましょう。(10点)

［　　　］

(3) ――線③は、だれのことですか。記号で答えましょう。(10点)

ア 人間たち　イ 動物たち
ウ 他の植物たち

［　　］

(4) この詩について、次のようにまとめました。□に入る言葉を、詩の中からそれぞれぬき出しましょう。(20点)一つ10

[　　　]の花が散《ち》り、葉に変《か》わる様子を「[　　　　]」と表《ひょう》現《げん》している。

答えは95ページ ☞

やってみよう

次の漢字は何画で書きますか。漢字で数を答えよう。

① 郡 〔　　〕画

② 孫 〔　　〕画

③ 康 〔　　〕画

④ 極 〔　　〕画

⑤ 置 〔　　〕画

⑥ 連 〔　　〕画

答えは95ページ

LESSON 33

説明文 ③

月　日

得点　　点　合かく40点

● 読んで、答えましょう。

①満《まん》を持す、的《まと》をいる、手ぐすねを引く。この慣用句《かんようく》の共通点《きょうつうてん》は何でしょう。

それは、どの慣用句も弓道に由来するものだ、という説《せつ》がある点です。

「満を持す」の「満」は、弓を ② じょうたいのことです。弓を引き切って、あとははなすだけというじょうたいで、ときを待つことを表します。

「的をいる」の「的」は矢をいる目印《めじるし》のことです。

「手ぐすねを引く」の「ぐすね」は、弓を強くするために松《まつ》やになどから作るものです。これを弓にぬって、いくさにのぞんだことから、「手ぐすねを引く」は ③ という意味を持っています。

(1) ――線①とありますが、共通点を書きましょう。(20点)

[　　　　]

(2) ② に入る言葉を、記号で答えましょう。(10点)

ア 少しだけ引いてみた
イ いっぱいに引いた
ウ 引かずにかまえた

[　　]

(3) ③ に入る言葉を、記号で答えましょう。(20点)

ア 相手の不意《ふい》をうつ
イ 大切なことをつかみとる
ウ 用意して待ちかまえる

[　　]

答えは95ページ ☞

やってみよう

次の――線の漢字の読み方を書こう。

① 山の高低差をはかる。〔　　〕

② パーティに参加する。〔　　〕

③ 特別なプレゼント。〔　　〕

④ 浴室のそうじをする。〔　　〕

⑤ 都道府県の地図。〔　　〕

⑥ 三角形の面積を求《もと》める。〔　　〕

⑦ 古い工芸品。〔　　〕

⑧ 山おくにある静かな旅館。〔　　〕

答えは95ページ ☞

短歌②

月　日
得点　点／合かく40点

● 読んで、答えましょう。

①
くれないの二尺《にしゃく》*のびたる
ばらの芽《め》の針《はり》やわらかに春雨《はるさめ》の降《ふ》る
正岡子規《まさおかしき》

②
友がみな
我《われ》よりえらく見ゆる日よ
花を買い来て妻《つま》としたしむ
石川啄木《いしかわたくぼく》

③
くずの花ふみしだかれて、色あたらし
この山道を行きし人あり
釈迢空《しゃくちょうくう》

*二尺＝およそ六十センチ。

(1) ①〜③の短歌のうち、五・七・五・七・七になっていない短歌を、番号で答えましょう。(20点)

[　　]

(2) ①〜③の短歌のうち、次の工夫《くふう》がなされている短歌を、番号で答えましょう。(20点)
同じ字をくり返し使うことによって、リズムよくよめるように、工夫している。

[　　]

(3) ①〜③の短歌に共通《きょうつう》してよまれているものを、記号で答えましょう。(10点)
ア 雨
イ 植物
ウ 人

[　　]

答えは95ページ ☞

やってみよう

次の□に漢字を書こう。

① □□《こっき》を□□《おくがい》にかかげる。

② □□《さくや》、帰り道で□□《きんか》を拾った。

③ □□《いちおく》人の□□《ぐんたい》。

④ □□《さいご》に□□《えいご》であいさつする。

⑤ ミスを□□《はんせい》して、□□《せいこう》につなげる。

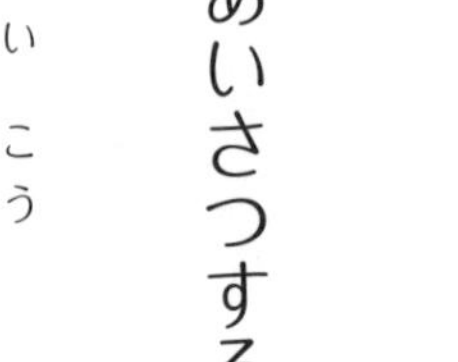

答えは95ページ☞

物語③

月　日
得点
点　合かく40点

● 読んで、答えましょう。

電話を終えると、兄は何も言わず、一人で歩き出した。洋平《ようへい》は急いで兄の後を追って歩き出す。大またで歩く兄は速く、洋平はつられて小走りになった。

兄を追う洋平の頭の中は、①疑問《ぎもん》でいっぱいだった。あの電話はだれからだったのか、何と言われたのか。

（入院中の母さんに何か？）

兄は②目的地《もくてきち》があるように、角を曲がり、坂を下りていく。その先に母が入院する病院があるのではないかと、洋平は思った。 ③ 、病院に連《つ》れていってもらっていない洋平にその位置《いち》がわかるはずもなく、要《よう》するに、何一つわからないまま、④洋平は兄を追って歩き続《つづ》けた。

(1) ――線①にあてはまらないものを、記号で答えましょう。(10点)

ア 電話の主はだれか。
イ どういった電話の内容《ないよう》か。
ウ 病院の場所はどこか。

［　　］

(2) ――線②を洋平は何だと思っていましたか。文中からぬき出しましょう。(20点)

［　　］

(3) ③ に入る言葉を、記号で答えましょう。(10点)

ア とはいえ　イ だから　ウ そして

［　　］

(4) ――線④のときの洋平の気持ちを、記号で答えましょう。(10点)

ア いかり　イ 不安《ふあん》　ウ 不満《ふまん》

［　　］

答えは95ページ☞

やってみよう

次の□に漢字を書こう。

① □□《むりょう》で□□《せきはん》をふるまう。

② □□《とうだい》から海を見るのが□□《にっか》だ。

③ 上位二チームで□□《けっか》を□《あらそ》う。

④ その□□《しゅし》は、食べても□□《むがい》だ。

⑤ □□《しみん》の□□《きぼう》を聞く。

答えは95ページ ☞

俳 句 ②

月　日
得点
点／合かく40点

● 読んで、答えましょう。

① 秋空を二つに断《た》てり椎大樹《しいたいじゅ》
高浜虚子《たかはまきょし》

② おりとりてはらりとおもきすすきかな
飯田蛇笏《いいだだこつ》

③ 梅一輪《うめいちりん》一輪ほどのあたたかさ
服部嵐雪《はっとりらんせつ》

④ 名月をとってくれろとなく子かな
小林一茶《こばやしいっさ》

＊椎大樹＝椎の大木。

(1) 次のA～Cは、①～④のどの俳句《はいく》のことですか。番号で答えましょう。(30点)一つ10

A 子どもがだだをこねている、むじゃきな様子をよんだ俳句である。

B はかなくさく花から感じる、少しのあたたかさをよんだ俳句である。

C すんだ秋の空を二つに断つ、大木の生命力をよんだ俳句である。

A［　　］ B［　　］
C［　　］

(2) ②は、いつの季節《きせつ》の様子がよまれた俳句ですか。また、その季節は、どの言葉からわかりますか。(20点)一つ10

季節［　　］
言葉［　　］

答えは95ページ

やってみよう

✿ 次の文字を組み合わせて、一字の漢字を作ろう。

①
ノ イ 糸
［　］

②
立 日 十
［　］

③
日 里 一
［　］

④
亡 月 王
［　］

⑤
木 竹 目
［　］

⑥
又 十 山
［　］

答えは95ページ

説明文 ④

月　日

得点　点　合かく35点

● 読んで、答えましょう。

五月五日は「①たん午の節句《せっく》」といいますが、中国でも「②たん午節」という祝日《しゅくじつ》が、旧《きゅう》れきの五月五日にあります。ちまきを食べる習慣《しゅうかん》は日本と共通《きょうつう》しており、ショウブやヨモギのような薬草をつんで健康《けんこう》を願《ねが》う習慣も、日本と近いものがあります。しかしこの日は日本とはちがい、子どもの日ではないので、こいのぼりやかぶとをかざることもありません。ドラゴンボートという長い船に二十人ほどが乗り込み、いっせいにこいでレースをするのです。旧正月《しょうがつ》（春節《しゅんせつ》）、旧れきの八月十五日（中秋節《ちゅうしゅうせつ》）とともに、中国の三大伝《でん》統《とう》祭りとなっています。

(1) ——線①と②に共通する習慣を書きましょう。（20点）

「　　」

(2) ——線①と②をくらべて、——線①にしかない習慣を書きましょう。（15点）

「　　」

(3) ——線②でしかやらないことを書きましょう。（15点）

「　　」

中国と日本の習慣のちがいをしっかり読み取ろう。

答えは95ページ

やってみよう

下の言葉の反対の意味をひらがなで書いて、クロスワードを完成《かんせい》させよう。

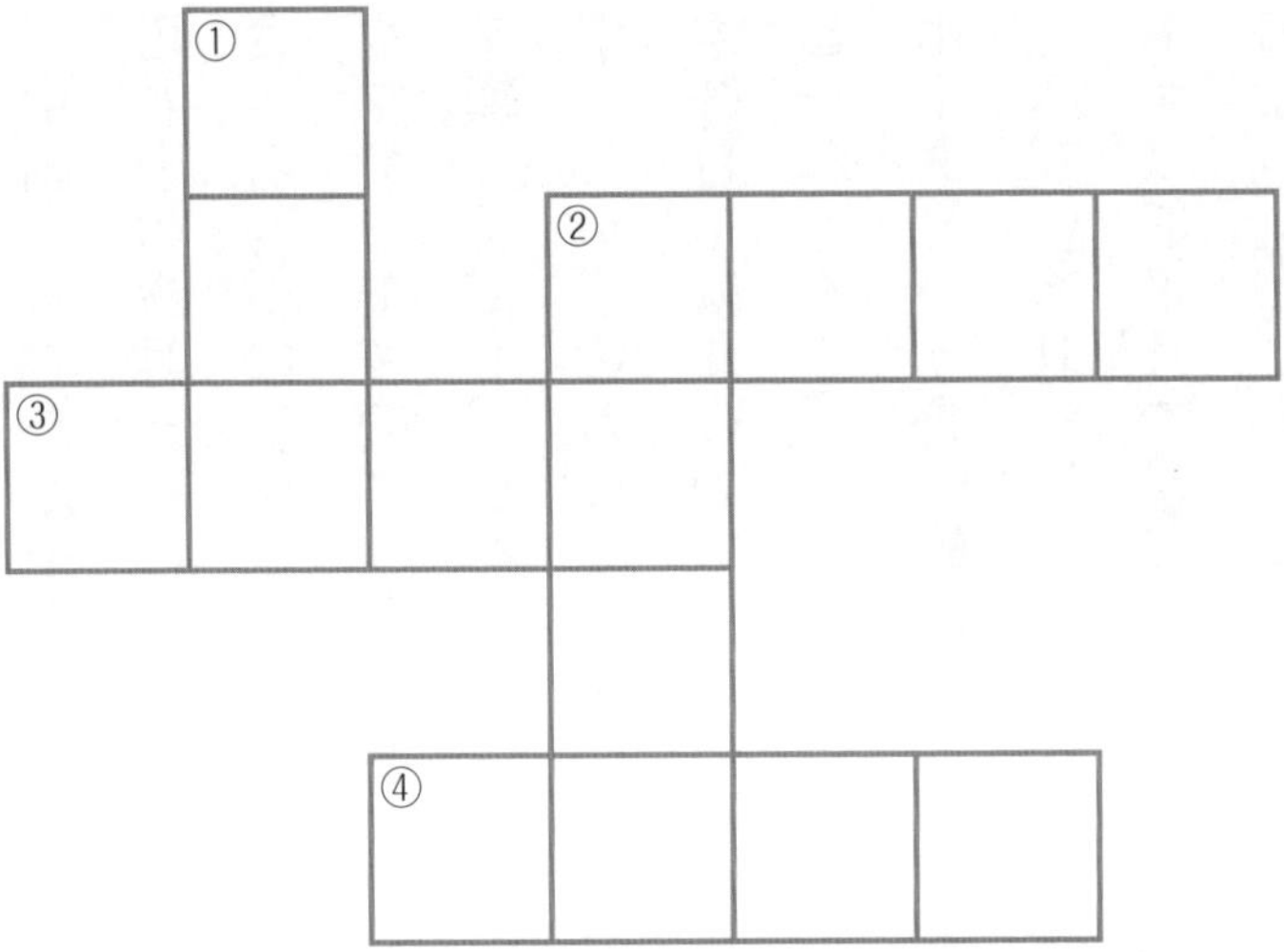

ヨコのかぎ

② 部分

③ きけん

④ 年始

タテのかぎ

① 有《ゆう》限《げん》

② 後《こう》退《たい》

答えは95ページ

LESSON 38

詩 ③

月　日

得点

点／合かく40点

● 読んで、答えましょう。

□

後ろは　①一本道
だけど
②前に　道はない

ぼくの　後ろに　続《つづ》く
これまでの　時間
ぼくの　前に　かがやく
これからの　時間

止まって
進んで
また　ぼくの道が　できていく

(1) ──線①と同じ意味の言葉を、七字でぬき出しましょう。(10点)

□□□□□□□

(2) ──線②とありますが、それはなぜですか。記号で答えましょう。(10点)

ア 先の見えない未来《みらい》のことだから。
イ 行く先をまちがってしまったから。
ウ 時間が止まってしまったから。

[　]

(3) この詩の表現《ひょうげん》の特《とく》ちょうをまとめました。□に入る言葉を、詩の中からそれぞれぬき出しましょう。(20点)一つ10

ぼくの□□の流れを□にたとえている。

(4) この詩の題名を、詩の中から四字でぬき出しましょう。(10点)

□□□□

答えは95ページ ☞

やってみよう

✱ 次の言葉のにた意味の言葉と、反対の意味の言葉を、□からそれぞれ選《えら》んで答えよう。

① 将《しょう》来《らい》
にた意味〔　　〕
反対の意味〔　　〕

② 筆者
にた意味〔　　〕
反対の意味〔　　〕

③ 原《げん》因《いん》
にた意味〔　　〕
反対の意味〔　　〕

未《み》来《らい》　結《けっ》果《か》　作者　読者　過《か》去《こ》　理由

答えは95ページ ☞

物語④

月　日
得点　点／合かく40点

● 読んで、答えましょう。

お姉さんが連《つ》れていってくれたのは、ペンギンの水そうだった。初《はじ》めて見るたくさんのペンギンに、マリはおどろいた。

①「えさやり体験《たいけん》、やってみよう。」

飼育員《しいくいん》さんにマメアジの入ったバケツをわたされ、②ペンギンの世界に足をふみ入れると、あっという間に、マリとお姉さんはペンギンにかこまれた。

マリは［③］魚をつまみあげ、くちばしを上に向けたペンギンに近づけると、引ったくるように魚を持っていかれる。ペンギンはマリをかこみ、マリの足をふんでも気にせず、小魚を要求《ようきゅう》してくる。

「こわいよう。」

マリはとうとう④泣《な》き出してしまった。

---

(1) ——線①についてまとめました。□に入る言葉を、文中からそれぞれぬき出しましょう。（20点）一つ10

［　　　　］に、手で［　　］をあげる体験。

(2) ——線②は、ここではどこのことですか。文中からぬき出しましょう。（10点）

「　　　　」

(3) ［③］に入る言葉を、記号で答えましょう。（10点）

ア かわるがわる　イ ところどころ
ウ おそるおそる

「　　」

(4) ——線④の理由を書きましょう。（10点）

「　　　　」

答えは96ページ

やってみよう

＊次の——線の言葉を、漢字と送りがなで書こう。

① 鳥が巣《す》作りのうで前をきそう。 ［　　］

② 強い相手にやぶれる。 ［　　］

③ 音が空気をつたわる速度。 ［　　］

④ 妹がわらう声。 ［　　］

⑤ かつてその国をおさめていた王様。 ［　　］

⑥ 本の題名をおぼえておく。 ［　　］

答えは96ページ☞

詩 ④

月　日
得点　　点　合かく40点

● 読んで、答えましょう。

積《つ》もった雪　　金子みすゞ《(ず)》

①上の雪
さむかろな。
つめたい月がさしていて。

下の雪
重かろな。
②何百人ものせてゐ《(い)》て。

③中の雪
さみしかろな。
空も地面《じべた》もみえないで。

(1) ——線①を、どのようだと言っていますか。記号で答えましょう。(10点)

ア 夜は月しか見えないのでこわいだろう。
イ 月しか見えなくてさびしいだろう。
ウ 冷《つめ》たい月がさして寒いだろう。

［　　］

(2) ——線②は、何をたとえた表現《ひょうげん》ですか。(10点)

［　　］

(3) ——線③についてまとめました。［　］に入る言葉をそれぞれ書きましょう。(30点)一つ10

［　　］も［　　］も見えないから、［　　］だろう。

答えは96ページ

やってみよう

✿ 次の□にあてはまる言葉を、□から選《えら》んで書こう。

① 屋上から景色《けしき》□ながめる。 ［　　］

② この実は一日に十グラム□とれない。 ［　　］

③ あの町□遠くに見える。 ［　　］

④ ひっこし□、友人でいたい。 ［　　］

⑤ この犬は、寒さ□暑さに弱い。 ［　　］

を　が　しか　ても　より

答えは96ページ ☞

説明文 ⑤

月　日
得点
点 / 合かく 40点

●読んで、答えましょう。

菜《な》の花のさく時期、菜の花ににた、うすむらさきの花を見たことはありませんか。この花の名前は何でしょう。

ショカツサイ、ハナダイコン、ムラサキハナナ、シキンサイ――多くの名前がついていますが、これは正しくはオオアラセイトウといいます。1

ショカツサイは中国でこの植物を育てさせた人の名前に由来します。2 ハナダイコンは葉の形がダイコンににているからですが、別《べつ》の種《しゅ》でハナダイコンという植物があります。ムラサキハナナは文字通り、□です。シキンサイは、中国の山の名前に由来します。3 同じ植物が、たくさんの名前をもっています。

(1) □に入る言葉を、記号で答えましょう。(10点)

ア　むらさきのバナナ
イ　むらさきの七本の花
ウ　むらさきの花の菜

［　　］

(2) 次の文は、文中の1～3のどこに入りますか。記号で答えましょう。(20点)

しかし、その人が育てていた植物は別の植物だったという説《せつ》もあります。

［　　］

(3) この文章を次のようにまとめました。□に入る言葉を、文中からそれぞれぬき出しましょう。(20点)一つ10

植物には、□□□□□がついているものもあるが、その別名には、それぞれ□□があるの。

答えは96ページ

やってみよう

次の漢字の部首名を、ひらがなで答えよう。

① 焼 ［　　　］

② 塩 ［　　　］

③ 笑 ［　　　］

④ 選 ［　　　］

⑤ 浅 ［　　　］

部首は、その漢字の意味を表している部分だよ。

答えは96ページ

物語⑤

月　日
得点　　点 ／ 合かく40点

● 読んで、答えましょう。

ガラス戸の前で、ユウジは足を止めた。スズメが一羽、①うずくまっている。

ユウジは②はなれて静《しず》かに観察《かんさつ》することにした。写真では見たことがあるが、本物をこんなに近くで見るのは初《はじ》めてだった。茶色い頭とつばさ、くちばしから胸《むな》元《もと》の黒いライン、目の下のはん点が特《とく》ちょう的《てき》で、羽はふわふわとして白い。

そして、ぱっちりとした黒い目で、ユウジをじっと見つめている。

スズメは用心深くて、近づくとすぐに③にげてしまうと思っていた。しかし、このスズメはにげない。ガラスにあたって目を回したか、けがをしているか……。ユウジはけんめいに考えをめぐらした。

(1) ――線①の意味を、記号で答えましょう。(10点)

ア はしゃぎ回っている様子
イ そわそわしている様子
ウ 静かにじっとしている様子

［　　］

(3) ――線②の様子が書かれている部分を文中からさがして、はじめと終わりの三字をぬき出しましょう。(20点)

□□□ ～ □□□

(2) ――線③とありますが、スズメがにげない理由を、ユウジはどのように考えましたか。文中から一文でぬき出しましょう。(20点)

［　　］

答えは96ページ ☞

やってみよう

✱次の文字に共通《きょうつう》する部首をつけて、できる漢字を答えよう。

例《れい》 毎・魚 → 〔海〕〔漁〕

① 幾・毎・反 → 〔　〕〔　〕〔　〕

② 侖・云・圣 → 〔　〕〔　〕〔　〕

③ 玉・古 → 〔　〕〔　〕

④ 女・寸 → 〔　〕〔　〕

⑤ 君・者・音 → 〔　〕〔　〕〔　〕

答えは96ページ ☞

LESSON 43 説明文 ⑥

月　日
得点
点　合かく40点

● 読んで、答えましょう。

六月ごろになると、カエルが声をそろえて鳴いているのを聞くことがあります。「カエルの合唱《がっしょう》」と言われますが、カエルたちにしてみると、まったく①的外《まとはず》れな表現《ひょうげん》だと思うでしょう。

この時期、カエルのオスはメスに対して自分のそんざいを知らせると同時に、他のオスに対して自らのなわばりを主張《しゅちょう》し、近づかないように鳴きます。この鳴き声を「②広告音《こうこくおん》」といいます。

カエルの鳴き声を記録《きろく》したところ、近くのカエルとわざとタイミングをずらして鳴くことで、自分の声が消えないようにして、なわばりを主張しているということがわかりました。

(1) ――線①と同じ意味の言葉を、記号で答えましょう。(10点)

ア 的をいた　イ じょうしき外れ　ウ 見当ちがい

[　　]

(2) ――線②についてまとめました。□に入る言葉を、文中からそれぞれぬき出しましょう。(20点)一つ10

[　　　　　　]と[　　　　　　]を、周囲《しゅうい》に知らせる鳴き声。

(3) この文章の内容《ないよう》をまとめました。□に入る言葉を、文中からそれぞれぬき出しましょう。(20点)一つ10

カエルは、[　　　　]鳴くのではなく、[　　　　　　]鳴く。

答えは96ページ

やってみよう

✱ 次の――線の漢字の読み方を書こう。

① 冷静に考える。〔　　　〕

② じょじょに加熱する。〔　　　〕

③ 長年の借家住まい。〔　　　〕

④ 新種のキノコを見つける。〔　　　〕

⑤ 水の量を正しくはかる。〔　　　〕

⑥ 清らかな水。〔　　　〕

⑦ 公共の場で発言する。〔　　　〕

⑧ 夫となる人。〔　　　〕

答えは96ページ ☞

物　語 ⑥

月　日

得点　点　合かく 40点

● 読んで、答えましょう。

バスに乗ると、雨がはげしくふり出した。まどガラスを雨つぶがたたき、いなずまが光り、かみなりの音が聞こえる。

②行く手の空に黒く［①］雨雲を見ながら、どうしよう、とぼくは思っていた。

バスていからぼくの家までは歩いて五分ぐらい、雨をよける場所はない。ずぶぬれになって家まで走るか、どこかで雨宿りして、雨がすぎるのを待つか。

③考え事をしていると、不意《ふい》にかたをたたかれた。ふと見ると、男の人が青いかさを差《さ》し出している。

「かさ、ないんだろ、これ使いな。」

ぼくは［④］。とまどっているぼくにかさをわたすと、男の人は大雨の中へ飛び出していった。

(1) ［①］に入る言葉を、記号で答えましょう。（10点）

ア おおう　イ つもる　ウ 取りはらう

［　　］

(2) ――線②と思った理由を答えましょう。（15点）

［　　］

(3) ――線③が書かれている部分を文中からさがして、はじめと終わりの三字をぬき出しましょう。（15点）

［　　　］～［　　　］

(4) ［④］に入る言葉を、記号で答えましょう。（10点）

ア 悲しくなった　イ おどろいた　ウ いかりを覚《おぼ》えた

［　　］

答えは96ページ

やってみよう

✱次の□に漢字を書こう。

① □□《まつばやし》の美しい□□《ふうけい》。

② お□《いわ》いに□□《ふでばこ》をもらう。

③ □《べつ》のエネルギーを□□《りよう》する。

④ □□《かくじ》で□□《しめい》を記入する。

⑤ □□《きせつ》によって□□《いふく》を変《か》える。

答えは96ページ

説明文 ⑦

月　日
得点
点 / 合かく 40点

● 読んで、答えましょう。

①ことわざと格言《かくげん》のちがいを知っていますか。どちらも人生の教訓《きょうくん》や生活のちえなどを短い言葉で言い表したものですが、無名《むめい》の人々が語りついできたことわざに対し、格言は聖人《せいじん》や政治家《せいじか》など、ちえや地位《ちい》ある特定《とくてい》の人が言った言葉です。

では「一銭《いっせん》を笑《わら》うものは一銭に泣《な》く」はどちらだと思いますか。

実は［②］。大正八年に公ぼ*で選《えら》ばれた標語《ひょうご》です。標語は、指針《ししん》や理念《りねん》などを短い言葉で言い表したもので、大正時代ごろからぼ集されるようになりました。交通安全などの標語を考えたことのある人もいるでしょう。③そんな標語も、いつかことわざになるかも知れません。

*公ぼ＝広く世の中の人からぼ集すること。

(1) ――線①についてまとめました。□に入る言葉を、文中からそれぞれぬき出しましょう。（20点）一つ10

ことわざは［　　　　　］の言葉で、格言は［　　　　　］の言葉である。

(2) ［②］に入る言葉を、記号で答えましょう。（10点）

ア 格言です　イ ことわざです
ウ どちらでもありません

［　　］

(3) ――線③の理由を、記号で答えましょう。（20点）

ア 地位を得《え》るかもしれないから。
イ 語りつがれるかもしれないから。
ウ 理念が変《か》わるかもしれないから。

［　　］

答えは96ページ

やってみよう

次の□に漢字を書こう。

① □□《さいしょ》に□□《ざいりょう》をまぜる。

② 自分の□□《こうぶつ》を□□《じゅんばん》に言う。

③ □□《あいけん》が□□《れんぞく》でジャンプする。

④ 鳥の□□《すばこ》を目の高さ□□《いじょう》のえだにかける。

⑤ □□《きしょう》な□□《しゅるい》の魚。

答えは96ページ ☞

答え

読解力4年

まちがえたところは，もう一度見直そう！

① 言葉の意味①

(1)ウ　(2)ア　(3)イ

「やってみよう」の答え

①犬が　走る。

②あの　大きな　木は、イチョウだ。

③夕方の　空は、とても　きれいだ。

④白い　車が　目の前を　通りすぎた。

⑤わたしは　今年　四年生に　なりました。

② 言葉の意味①

(1)ア　(2)ウ　(3)ウ

考え方　(3)「うってつけ」の意味は、**「ちょうど合っていること」**です。

①ペン立てが

②歩いたら

③お茶が

④ふってきた

⑤熱気球が

③ こそあど言葉をおさえる①

(1)イ

(2)(例《れい》)ユウコ

(3)ウ　(4)ペンダント

①つばさを

②おいしい

③有名な

④さっきから

⑤中学校の

④ こそあど言葉をおさえる②

(1)イ

(2)陸上で一生をすごす

(3)リクガメを飼育している動物園

考え方　こそあど言葉がしめす内容《ないよう》は、ふつう**それより前**にあります。

①二時ごろ・空に・むくむくと

②遠くから・かすかに

③一頭の・白い・大きな

⑤ つなぎ言葉をおさえる①

(1)ア　(2)イ　(3)ウ

考え方　(3)すぐあとに、言ったことに対する反応《はんのう》が書いてあることから考えます。

①たば　②たね

③えいよう　④か

⑤ちたい　⑥かがみ

⑦りく　⑧ひょうこう

⑥ つなぎ言葉をおさえる②

(1)ウ　(2)イ　(3)ア

①印刷・機械

②辞典・参照

③倉庫・材料

④野菜・果物

⑤健康・良

⑦ 場面を読み取る

(1) ア
(2) (例) 朝からはしゃぎまわって、つかれていたから。
(3) 写真をとるとき

考え方 (2) おとなしかった理由を、男の子が説明《せつめい》しています。

① 家具・配置
② 孫・好物
③ 英語・借
④ 委員・出欠
⑤ 松・折

⑧ あらすじをつかむ

(1) イ
(2) 牛肉・牛乳(順不同《じゅんふどう》)
(3) 小森青果
(4) トマト

① 口が重い　② 目が回る
③ 耳が早い　④ 水を差《さ》す
⑤ 気が小さい

⑨ 話題を読み取る

(1) お湯・水
(2) 地面をほる
(3) イ

考え方 (2) 「地面をほると穴ができる」と考えます。

	①あ	ぶ	ら
②む	し		
	も		
	③と	ほ	④う
			ま

⑩ 説明の順序をつかむ

(1) ウ
(2) ウ→ア→イ
(3) タビラコ

考え方 (3) 直前に「接頭辞を持たない」とあることから考えます。

① 絵画・暗黒
② 上下・問答
③ 大木・漢字

⑪ まとめテスト ①

(1) 口内えん・トマトサラダ・いたかった
(2) ウ
(3) イ

考え方 (1) 生のトマトが苦手になったきっかけであることから考えます。

① 願望・衣服
② 勝敗・強弱
③ 美人・深海

⑫ まとめテスト ②

(1) ケヅメリクガメ
(2) ウ　(3) ア
(4) とげ・草食性・世界で三番目

① きのう(さくじつ)・とう
② へや・とけい
③ けさ・ま(つ)か
④ ともだち・てつだ
⑤ けしき・じょうず

⑬ 気持ちを読み取る ①

(1) 肉じゃが・サラダ
(2) ウ
(3) 苦手・うんざり

考え方 (3) 「うんざり」の意味は、「いやになる様子」です。

① 回想・回送
② 関心・感心
③ 期間・気管

⑭ 気持ちを読み取る ②

(1) イ
(2) (例) 向かい風におされているから。
(3) イ

考え方 (3) 直前に「後かいしそうになる自分をはげますように」とあることから考えます。

① 機関・器官
② 体調・隊長
③ 意外・以外

⑮ **気持ちを読み取る③**

(1) **ウ**

(2) (例)目の前にあざやかなバラがさいていたから。

(3) **ア**

考え方 (2)「ぽかんと口を開けて」が、おどろく様子を表しています。

①しぜん ②しゃりん
③ばいう ④くら
⑤かいてい ⑥はつが
⑦はくぶつかん ⑧ふべん

⑯ **理由をおさえる①**

(1) **イ** (2) リラックス

(3) 水にうかんでいる・アヒル

①実験・成功
②選挙・投票
③軍手・作業
④会議・白熱
⑤生徒・参加

⑰ **理由をおさえる②**

(1) 中国の古いこよみで決められた季節の変わり目

(2) **ウ**

(3) (例)一月一日の元日が別格とされているから。

①車庫・焼失
②空港・着陸
③大臣・案内
④祭日・観光
⑤庭園・料金

⑱ **理由をおさえる③**

(1) 一年の長さが一日長くなる

(2) 時間のずれを直す

(3) 地球・太陽

考え方 (2)最後の一文に着目します。四年でおよそ一日になる時間のずれを直すためです。

①体 ②達
③集 ④意

⑲ **大事なことを読み取る①**

(1) (例)教科書をわすれたこと。 (2) 朝・使う教科書

(3) (例)前の日に使う教科書をランドセルに入れること。

	①え				
②ぜ	ん		③と		
	④の	こ	り	も	の
	し				
	⑤た	め	な	ら	ず

⑳ **大事なことを読み取る②**

(1) (例)となりの一家と別《わか》れるのが悲しいから。

(2) (例)となりの一家に気づかれるから。

(3) **イ**

(4) (例)笑ってさよならを言う。

①開ける・空ける
②差す・指す ③帰る・返る

㉑ **大事なことを読み取る③**

(1) **ウ**

(2) (例)鳴き方の練習(をしている。)

(3) **ア**

考え方 (3)メスのいないところで下手だったオスが、メスの前で上手にさえずることから考えます。

①速く・早く
②立つ・建つ
③放す・話す

㉒ **大事なことを読み取る④**

(1) 日本語・英語・コメ

(2) ライス

(3)「もみがら」を焼いた、シリカという物質を多くふくむはい

①**イ** ②**エ**
③**ア** ④**ウ**

㉓ まとめテスト③

(1) **イ**
(2) **ア**
(3) **イ**

考え方 (1)「ボク」は「**みわこさん以外《いがい》の動物に会ったことがない**」から考えます。

① **イ**　② **エ**
③ **ウ**　④ **ア**

㉔ まとめテスト④

(1) **ウ**
(2) (例)**ウズラは鳴き声が美しいから。**
(3) **ウ→ア→イ**

①じどう　②しうんてん
③すいい　④あんない
⑤しお　⑥かいさつ
⑦しそん　⑧ほうぼく

㉕ 説明文①

(1) **プレーリードッグ**
(2) **イ**
(3) **ウ**

考え方 (3)自分であなをほるのではなく、**他の動物がほったあなを利用《りよう》している**点に注目します。

①昔話・結末　②芽・観察
③副作用・最良
④漁・必要　⑤気候・変化

㉖ 詩①

(1) **ア**　(2) **イ**　(3) **ア**

考え方 (3)「かみの毛」「手のひら」「ほっぺた」から、**りんごと赤ちゃんをくらべている**と考えます。

①直径・球体
②番組・予約
③実験・計画
④固有・動物
⑤寒冷・極地

㉗ 物語①

(1) **二メートルほどのふくろ**
(2) **ア**　(3) **ウ**

考え方 (3)「**聞かないほうがよかったかも**」から考えます。

①イ　②扌　③氵　④心
⑤禾　⑥力

㉘ 短歌①

(1) ①
(2) ③
(3) **イ**
(4) **夏**

考え方 (4)「春すぎて夏来にけらし…」とあるので、**春の次の季節が来た**ということがわかります。

					①し
			②じ		ん
③い		④い	っ	せ	き
っ			こ		
⑤と	う	ご	う		
う					

㉙ 説明文②

(1) **黄色**
(2) **コオニタビラコ**
(3) **シソ・むらさき**

考え方 (3)食べられるホトケノザは**キク科の黄色い花**、食べられないホトケノザは**シソ科のむらさき色の花**です。

①栄える　②関わる
③初めて　④照らす
⑤改める　⑥冷えた

㉚ 俳句①

(1) **雪**
(2) **ア**
(3) **せみ(の声)**
(4) **春**

考え方 (4)「桜」は春にさく花です。

①勇ましい　②努める
③働く　④達する
⑤挙げる　⑥失う

㉛ 物語②

(1)ア
(2)[2]
(3)イ

考え方 (3)イ→ウ→アの順番《じゅんばん》で出来事が起こっています。

①四 ②十三 ③八
④五 ⑤三 ⑥九

㉜ 詩②

(1)新しい命の色の服
(2)もも色
(3)ア
(4)さくら・着がえる

考え方 (3)「みんな」が「ながめる」ことから、着がえる人と「みんな」は、別《べつ》のそんざいだということがわかります。

①十 ②十 ③十一
④十二 ⑤十三 ⑥十

㉝ 説明文③

(1)(例)弓道に由来する慣用句だという説があること。
(2)イ
(3)ウ

考え方 (2)すぐあとの「弓を引き切って」が手がかりです。

①こうていさ ②さんか
③とくべつ ④よくしつ
⑤とどうふけん
⑥めんせき ⑦こうげい
⑧しず

㉞ 短歌②

(1)③ (2)① (3)イ

考え方 (2)「くれないの」「バラの芽の」のように、「の」がくり返し使われています。

①国旗・屋外
②昨夜・金貨
③一億・軍隊
④最後・英語
⑤反省・成功

㉟ 物語③

(1)ウ
(2)母が入院する病院
(3)ア (4)イ

考え方 (2)「その先に母が入院する病院があるのではないか」と思っていることから考えます。

①無料・赤飯
②灯台・日課
③結果・争
④種子・無害
⑤市民・希望

㊱ 俳句②

(1)A④ B③ C①
(2)(季節)秋
(言葉)すすき

考え方 (1)④は、「名月をとってくれろ」と、子どもがだだをこねているのです。

①係 ②章 ③量
④望 ⑤箱 ⑥岐

㊲ 説明文④

(1)(例)ちまきを食べたり、薬草をつんで健康を願ったりする習慣。
(2)(例)こいのぼりやかぶとをかざる習慣。
(3)(例)ドラゴンボートをいっせいにこぐレース。

	①む					
	げ		②ぜ	ん	た	い
③あ	ん	ぜ	ん			
			し			
		④ね	ん	ま	つ	

㊳ 詩③

(1)これまでの時間
(2)ア (3)時間・道
(4)ぼくの道

①未来・過去
②作者・読者
③理由・結果

㊴ 物語④

(1) ペンギン・マメアジ
(2) ペンギンの水そう
(3) ウ
(4) (例)ペンギンにかこまれてこわかったから。

考え方 (4)「こわいよう」を手がかりにします。

①競う ②敗れる
③伝わる ④笑う
⑤治めて ⑥覚えて

㊵ 詩④

(1) ウ
(2) (例)たくさんの雪
(3) (例)空・地面・さみしい

考え方 (3)「さむかろな」「重かろな」「さみしかろな」のように、**雪を人のようにあつかった**詩です。

①を ②しか ③が
④ても ⑤より

㊶ 説明文⑤

(1) ウ (2) 2
(3) 多くの名前・由来

考え方 (2)「その人」は、文中の「植物を育てさせた人」のことです。

①ひへん ②つちへん
③たけかんむり
④しんにょう(しんにゅう)
⑤さんずい

㊷ 物語⑤

(1) ウ
(2) 茶色い〜いる。(ている)
(3) ガラスにあたって目を回したか、けがをしているか……。

考え方 (3)直前に書かれている内容《ないよう》をおさえましょう。

①機・梅・板
②輪・転・軽 ③国・固
④安・守 ⑤郡・都・部

㊸ 説明文⑥

(1) ウ
(2) 自分のそんざい・自らのなわばり(順《じゅん》不《ふ》同《どう》)
(3) 声をそろえて・タイミングをずらして

①れいせい ②かねつ
③しゃくや ④しんしゅ
⑤りょう ⑥きよ
⑦こうきょう ⑧おっと

㊹ 物語⑥

(1) ア
(2) (例)雨がふり出したのにかさを持っていないから。
(3) バスて〜つか。(待つか)
(4) イ

①松林・風景
②祝・筆箱
③別・利用
④各自・氏名
⑤季節・衣服

㊺ 説明文⑦

(1) 無名の人々・聖人や政治家
(2) ウ
(3) イ

考え方 (2)「標語」が「ことわざ」「格言」のどちらでもない、**無名の人がおうぼした中から選ばれたもの**であることを読み取ります。

①最初・材料
②好物・順番
③愛犬・連続
④巣箱・以上
⑤希少・種類